DAS TOUCHPOINT UNTERNEHMEN

Mitarbeiterführung in unserer neuen Businesswelt

触点管理

互联网+时代的德国人才管理模式

安妮·M·许勒尔（Anne M. Schüller）著
于嵩楠 译

中国人民大学出版社
·北京·

前言

“您无法与我们电话联系，请您发邮件!”——人们不禁要为如此对待客户的公司担忧。本书将这一类公司称为守旧传统的公司。它们未必年代久远，但却头脑僵化。这样的公司无法企及未来，因为时代正经历着伟大的变革。我们生活在一个全新的、势不可当的数字化商业世界，身处有史以来最伟大的变革之中。权力悄悄转移到员工手中，客户也早已接过了这一权杖，很多人几乎都没有察觉到这一变化。这意味着什么？如今主要是由客户决定公司是否能够拥有新的客户群与营业额。公司的员工也决定着谁将赢得优秀的人才。为了在风云变幻的市场上不断以新的方式吸引客户，企业必须创造适合的内部环境，推行适应这一变化的领导文化。

然而，正当外界发生着不可逆转的变化时，很多公司内部的经理却还在使用上个世纪的“通用”方式和老旧规矩来浪费时间，例如，自上而下的管理模式、筒仓思维、部门间各自为政、等级束缚、预算马拉松、指派方式、关注经营指数。这些方式连同过时的领导思维以及与客为敌的程式化做法都是构建新的商业环境和工作氛围的最大绊脚石。过去的工具根本无法掌握未来。这些公司都被困在自己的体系之中。它们并不是输给了市场，而是败在自己的结构上。因此有必要先对企业内部的合作方式进行创新。实现这一目标的核心秘诀就是网络化和协作化。本书即立足于介绍这些秘诀的原则及使用方法。

美丽的商业新世界

社交网络和移动互联网的结合将我们高速地弹入了网络 3.0 世界，其最重要的优势可能就是数字存储器，通过点击手持终端的屏幕，人们告别了离线状态。无论在世界的任何角落，人们利用这种方法都可以实时了解所有的在线信息。这种新的态势最终颠覆了供求之间的力量对比，因为互联网帮助“小人物”，它有利于“大多数人”，蔑视集权化，热爱协作。

但是另一方面，公司的结构仍然没有任何变化。图 1 中的左图反映了真实的（化石）观点：老板头戴皇冠，高高在上，听话的随从们坐在下面，被禁锢在一个个小格子里面。这样的组织结构图中没有员工，只有接受管理的士兵，他们被安排在各个部门的网格中。是的，企业与客户也是通过渠道来沟通。仔细想来，这些推广渠道无非是内部孤岛与过时的上下等级的外化形式：没有联网的并行行为。对于信息传递而言，渠道的作用仍然是从一个发出者指向一个接受者。

与之相对，客户的世界则展现了完全不同的景象：他们围绕公司这一组织在线上和线下不断活动；他们按照自己的意愿有时离线购买，有时在线购买；在做决定的时候，他们主要受和自己类似的人的影响；他们从单纯的消费者变成了有责任感的世界公民，其中某些人已经成为分享者与创造者，即他们不仅购买，而且与其他人分享自己的需求，或者自己来生产创造。这种以网络为基础的“分享经济”将以全新的方式对越来越疲软的传统经济增长造成威胁。这种自创趋势受惠于新兴的 3D 打印技术，也将设计出全新的商业模式。

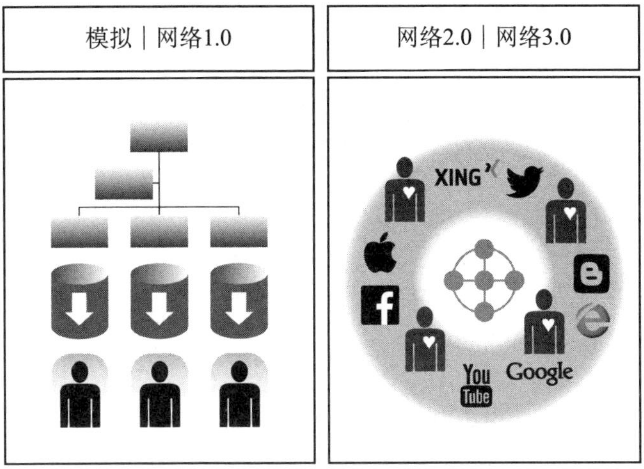

图 1　新旧商业世界对比

现在迫切需要一种新的组织形式。我将其称为触点公司。

触点公司与触点经理人

如今，客户与公司的联系非常紧密，这是一种前所未有的情形。因此从现在开始，任何领域的每一个经理都必须将客户研究纳入其核心任务，因为任何公司以外的人都可以通过社交媒体与每一个员工建立直接联系，无论这个员工隶属于哪个部门，也不管这种联系是否符合管理要求。内外联系点的数量呈直线上升之势，而且显现出相互交叉的态势。这既是机遇，也是挑战。

> 企业已经失去了信息主权。

过去，公众都是通过精心组织的新闻发布会和训练有素的董事会发言人了解某一公司。公司内部的真实情况只能零星地透露给公众，要么是某位员工在自己的小圈子里谈论某一事件，要么是通过私人关系透露给媒体。而现在，情况完全不同了：员工在网上发布公司内部消息，他们已然成为老板的代言人，公司对员工在网络空间上发布的信息也没有任何监控。

老板最好要善待自己的员工，遵守道德规范，因为通过互联网一切迟早都会公之于众。模范事迹会被点赞，善举善事会得到大力称颂，而欺骗作恶则会受到严厉的惩罚。如果有人说谎欺骗，暴力对待自己的员工，或者只为一己私利，那么这个人将会受尽审判，然后被钉在互联网的耻辱柱上。因为读到这些内容的并不只是公司的员工，而是互联网上的所有人。一家公司的内部问题会受到公众集体抵制的惩罚。

面对这一新情况，客户几乎不再听信传统组织结构的预设渠道信息，也不再受制于客服、销售和市场营销。追求提成的销售员也无法使客户成为 LEO（leicht erlegbares opfer）——“容易中枪的牺牲品”，他们的目标更多的是成为与供货商的直接和间接触点。因此，触点公司遵循“由外及内、自下而上”的方式，它们从客户开始发展到公司内部，然后由员工开始向上发展到领导层（见图 2）。因为只有用这种方式才能获取未来的成功。在公司的组织结构中很快就会出现一个新岗位：触点经理人。他们像律师一样为客户的利益代言，并极力实现客户的利益。

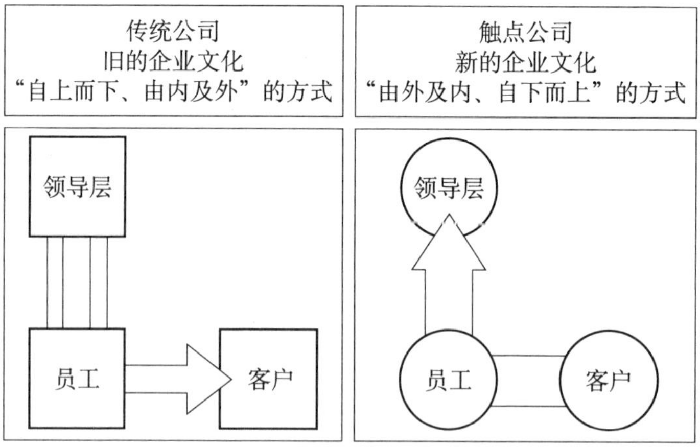

图 2　新旧公司管理模式

触点究竟是什么？

德国人喜欢将“触点”称为联系点，然而这是一种客观保守的定义。“接触点”这种说法更像社交媒体时代的定义。一个人如果想要和其他人建立联系，就必须“接触”他们——产生情感上的共鸣。这时如果再加入一丝魔力和些许的“奇思妙想”，就会引发人们的强烈兴趣。

能否赢得客户的决定因素并不是雄心勃勃的企划书，也不是装帧精美的用户手册，而是客户在单个触点的“真实时刻”切实的感受。高超地运用这一方法就会使有购买欲望的客户不断签下大宗订单，而且还会积极地对外宣传，这是一项新的巨大挑战。公司的每一个人都面临这一挑战，无论是直接与客户打交道的员工，还是财务、生产或者仓储部门的员工。

所有这些都要求企业推行一种贴近客户的管理，以及一种新的领导风格：以客户为导向的领导方式。这种方式的基础就是掌握内部触点，即员工、领导与企业之间的互动点。如果人们在协作的过程中可以抓住所有员工的思想火花，利用群体智慧，那么我们就有理由优先选择这些方法。

应聘者与雇主之间的触点

人口结构的转变、对最优资源的争夺以及随着社交网络产生的“玻璃房效应”向人们提出了全新的要求：人们必须学会推销。同时，用以检索、查询以及获取人才的资源已经实现了市场化，而且资源非常丰富。

然而吸引求职者的并不一定是公司网页和公司业绩，他们更多的是从搜索引擎的输入框开启求职之路——这往往也是求职的结束。间接触点这时就发挥着重要作用，例如意见反馈、论坛、博客、媒体文章、口头宣传和推介。

因此，求职者通常先将在网络上浏览到的员工的看法作为自己的参考。谷歌将这些看法称为“零关键时刻”（Zero Moments of Truth，ZMOT）。这是第一次直接联系之前的关键时刻，这些时刻将一个公司兑现承诺的实际能力毫无保留地呈现在人们面前。图 3 向我们展示了不同以往的人才招聘全过程。

图 3　现今的招聘流程示意图

各个组织应该更多地进行内部调整，而不是花费重金制定招聘策略，因为企业文化、价值观和企业社会责任这些长篇阔论起不到任何作用。现在即使公司高层使用最具煽动力的高超语言进行宣传也很难让人信服，企业公关已经陷入了巨大的信任危机。我们经历过太多的谎言和欺骗，这里无须再一一列举，每个人的亲身经历都不胜枚举。

雇主怎样创造“爱的印记”

在互联网社会中，只有那些了解公司内部实际情况的人才能得到客户与员工的信任，甚至能够挽回信任缺失。希望所有人都在社会上为你的公司传播好名声？那么就要创造一种积极的互动关系！尤其要给人留下美好的、愿意在网络上分享的印象。

> 新的商务箴言：做好工作，并促使人们积极地宣传。

一条新的商务箴言是：“做好工作，并促使

人们积极地宣传。”互联网就像一个巨大的公共讨论平台。如今，“尸体”不再会烂在地下室，人们也会积极在网上曝光。因此，除了赚取点击率之外，企业还要遵守道德原则。因为企业不仅是一个经济实体，也担负着社会功能，公众始终对企业提出严格的要求。未来的竞争将会集中在企业文化的竞争上。

在一切社会效应之外企业需要盈利以维持运转，这是事实。然而这只是规定项目，重要的是自选项目。为了最终成为最大的赢家，唯一的办法就是创造“爱的印记”。“爱的印记”是让客户和员工爱上自己的一种（雇主）印记。“爱的印记”会引发崇拜的情感，不需要借助昂贵的广告来推销，因为粉丝会自发地为它推广。人们的批判也不会对企业造成任何伤害，因为支持者阵营会保护它们，不会让它们陷入困境。结果是什么？超越理智的忠诚。一旦出现了这种忠诚，那么任何竞争都毫无意义了。

员工与领导者之间的触点

近几年来，雇佣关系发生了根本性的改变，变得更加全球化、数字化，女性在其中的作用也越来越重要。雇佣关系带有一种新的多样化特点，越来越细化、多层面化，对外网络化趋势也有所增强。越来越多的人在主要工作之外还会做一份（小）兼职，或者偶尔做自由职业者。终身职业只存在于职业学的历史教科书中了。员工们走出安逸的办公楼，进入广阔的社会层面。

除了传统雇佣关系的核心员工，非传统雇佣关系的合作逐渐增加：项目形式、自由职业者、计时公司、临时经理。社会上出现了更多的短期雇佣关系，兼职率日益增加，更多工作被外包出去，各个领域的专家、供货商和商务伙伴的人数不断增加。固定岗位和办公室的数量都有所下降。远程办公、移动工作、虚拟团队和家庭办公室都有了长足的发展。

> 只有熟悉人的专家才能创造领导业绩。

人们在未来主要为思维买单。市场上短缺而且可以快速应用的良好知识通过外部实现追加购买。人们周围都是适合某一项工作的优秀人才。因此，企业就成为中转站，成为数字游民的绿洲。企业被“协作卫星”围绕，这也是我决定将本书的核心工具命名为“协作触点管理”的原因。无论采取何种合同形式，协作代表了一种有效的合作。现今意义上的协作者也是一种建设性的员工。

领导者在未来都要面临全新的挑战，他们必须学会驾驭新的雇佣模式，学会领导未出勤以及未被雇佣的人员，并使他们尽快地出成果。全新的触点也将随之产生。一切工作都将以模块形式进行组织，用工合同更多地通过项目来组织。企业在这种情况下首先需要网络组织者和项目主持人。企业不可避免地会丧失对权力的掌控。这时就要求一种完全不同的领导风格，企业需要的是创造可能的人、催化剂以及关注客户的领导者。只有熟悉人的专家才能创造领导业绩。一些人已经做得很好了，表现差的人则会被淘汰出领导层。

互联网原住民："新"员工

互联网原住民是什么？他们是在互联网时代成长起来的 80 后一代，通过数字媒体实现社会化，也被称为 Y 一代。人性化的领导风格是他们的特点，他们将人情味带进企业管理，同时也为协作管理创造了条件。老板是报幕员和看护员？这对他们来说是过时的模式了。他们代表着独立和组织空间，代表着平级观念和自我组织，也代表着分享。他们不知道统治的理念，也几乎没有权力欲望，传统的象征地位无法引起他们的兴趣，监管模式完全不符合他们的理念。

Y 一代认同麻省理工学院管理学教授道格拉斯·麦格雷戈（Douglas McGregor）的 Y 理论。Y 代表对员工本质积极的假设，体恤的领导风格会使其更加积极。强硬派将这种方式称为“抚慰”，并嘲笑接受这一理论的人是胆小鬼、软骨头和池中物。如果人们想粗暴地解决问题，不关注细节与尊重，只看中结果和指标，那么“软事实”的数据就没有意义。（私底下）还总是有人赞赏那些准备为了获得暂时利益而毁掉公司价值观并且牺牲员工的人。不久前还有人对我说：“让我们优秀的企业医疗体系去照顾那些不能忍受的人吧。”然而，把员工当作木偶的时代已经一去不复返了。3.0 时代的员工要求一种全新的领导理念。

活跃于社交媒体的移动终端精英们早就开始发展一种更具道德标准的行为文化：尊重价值、自信、率真、独立。熟练地与在线媒体打交道是他们最重要的资本。他们钟情于跟比特和字节共舞。老板要求他们再次回到模拟的石器时代，这一情景会让他们震惊不已。他们不会考虑那些无法提供适当工作环境的企业。Y 一代期待舒适的办公室和轻松的人际关系，就像他们所熟悉的互联网数字化的业余生活一样。

> 把员工当作管理体制木偶的时代已经一去不复返了。

如果 Y 一代面对众多的工作选择，他们会为自己挑选那个具有意义的。这种基本观点影响了整个就业市场。人们的想法不再是简单地多赚钱，而是要幸福地工作。生活与工作之间的简单平衡已经无法满足他们，他们希望工作成为生活的促进成分，能够让他们产生巨大的满足感。这将成为“新的标准”。我将其称为“工作与生活的整合”。

内部触点管理：企业成功的导航仪

内部触点管理关注员工在企业的“旅行”，从他们的立场出发看待问题。这种管理模式考虑到了员工对新的工作环境提出的要求，以及这一要求日益增长的复杂性。

这一过程共分为四个步骤，目的是协调领导与员工之间的所有触点，改善互动质量，构建激励性的工作氛围，使员工在一种受重视的环境中创造出让人满意的成绩。领导可以利用每一次互动的机会激发员工的潜能，增强他们对企业的归属感，促使他们无论是对内还是对外都为企业进行积极的宣传。

为了实现这一目标，企业领导团队需要进行跨部门协作，放眼于长期持续的转变，所有员工则致力于提高客户的满意度。因此，每一次对内部触点的积极探索不仅会提高员工的工作表现，也会实现资源优化，节约时间和成本，提升公司的品牌影响力，增加客户的信任度，通过老客户的介绍赢得新客户，从而实现企业利润的持续增长。这种管理方式最终会形成一种组织机制，高效运行，而且非常人性化。

本书的内容可分为三个部分：

第一部分着眼于日趋数字化的商业环境。为了在未来的竞争中赢得一席之地，我们迫切需要了解在这一环境下企业的七项任务。

第二部分介绍互联网+时代的工作环境、以数字化为基础的新型员工的特征，以及针对现在和未来的新型领导者和适用的领导风格。

第三部分阐释协作触点管理过程（见图 4）。这一部分将详细解释如何在这一新的管理模式的框架内构建员工、企业管理者和企业主之间的触点。这一管理模式的前提就是设立内部触点经理人。

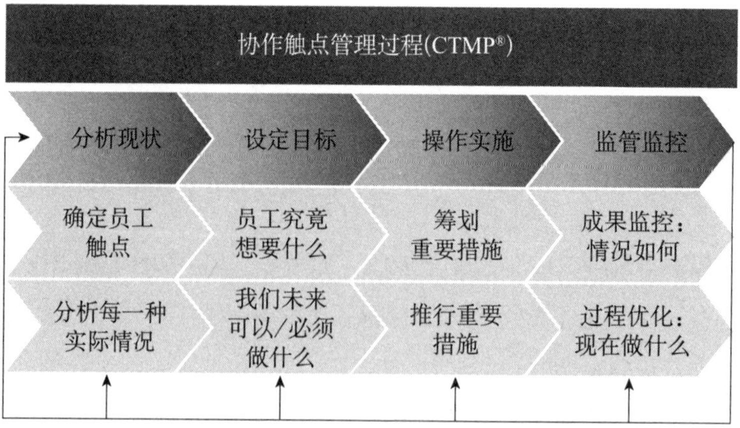

图 4 协作触点管理过程（CTMP®）的四个步骤

我并不打算仅仅告诉读者这一旅程将会通往何方，因为市场上已经有了很多关于未来走向的书籍。然而在这一转折时期，有预见的企业主要想知道一点：“我现在要怎么做?”他们希望针对这一棘手问题得到具体的解答，也就是具体的例子、建议和提示。众所周知，理论应该付诸实践，所以本书在理论策略的宏观层面与日常操作的实践层面搭建了一座桥梁。

祝您阅读愉快，并在实践过程中取得成功。如果有可能请写信告诉我您的实践情况，我非常期待您的来信。

安妮 · M · 许勒尔

DAS TOUCHPOINT UNTERNEHMEN

目录

Das Touchpoint Unternehmen

Mitarbeiterführung in unserer neuen Businesswelt

1

第一部分

商业新世界中企业的七项核心任务

01
扑面而来的商业新世界

伟大的变革正在展开，全新的竞赛正在进行，机会将被重新分配。我们置身于有史以来最伟大的变革之中，但几乎没有察觉，这是因为我们过分关注当下。生活方式、购物习惯和工作风格方面发生的变化早已显而易见。有魄力的公司不断提出新鲜大胆的想法，他们以惊人的速度推动市场向前发展。一切事物都加速老化，世界变得越来越数字化、复杂化，也更加社会化。

人们相互之间越来越近，越来越团结。人与人之间的相处越来越随意，交流也更加直接。存在替代了拥有，扮演着更加重要的角色。人们的视角由“我”逐渐发展为“我们”，分享取代了划界。随之而来的就是民主化过程。如今操纵公司的并不是股东利益，而是客户的愿望。新形式的亲密关系已然出现，我将其称为第五种忠诚（后面会详细解释）。传统社会结构正在崩塌，虚拟网络取而代之成为社会关系的聚集点，同时也扮演了“助产士”的角色，并成为新文化的物质载体。“互联网原住民”是其中的核心人物。

这一时代转折不仅波及作为一个共同体成员的个人，也关系到作为整体的社会。这一变化既关系到经济发展，也相应地影响到组织的内部生活。当下最重要的关键词是：开放、扁平化、跨界。代表一个企业声誉的“软因素”始终具有决定性的意义，而且声誉本身也将成为企业价值的重要组成部分。

声誉将成为能否成功的决定性因素。

然而与形象相反，声誉并不是企业单方面可以操纵的，因为声誉并不是源于企业自己的意愿，而是产生于其他人的所想所言。现在的监督以公开的形式进行，愤怒与不满会激起浪潮，企业的谎言会迅速演变为一场口诛笔伐。“众人的智慧”就是要取其精华，去其糟粕：网络是有史以来最伟大的推荐程序。

人们无法继续使用前数字经济时代的僵化理念来掌控这种情况。导致企业瘫痪的重要原因是管理太多，对员工的关注太少；等级化太多，协作太少；规矩束缚太多，发挥空间太少；数据统计太多，感情因素太少；自我欣赏太多，对客户的关注太少。

为了适应新的商业环境，企业必须改变自己的做法和观念：

增加	减少
对员工的关注	管理
协作	等级制度
发挥的空间	规矩束缚
感情因素	数据统计
对客户的关注	自我欣赏

对已有体制进行细枝末节的调整是不够的，而是要引入新的体制。很多事物必须面对创造性的骚乱，某些事物必将遭到创造性的毁灭，这些都是在为新的、适合的事物提供空间，为未来的竞赛做准备。墨守成规毫无出路，“系统重启”即将出现。与技术与产品创新相比，最紧要的是进行管理创新。游戏规则与以往完全不同。

企业需要着手开展七项核心任务：

- 整合群体智慧
- 实行协作结构
- 削弱对等级制度的感受
- 减少规矩束缚
- 削弱筒仓思维
- 实现数字化转变
- 加强对客户的关注

下面将会详细解释这七项任务。这些任务是在全新的商业世界中进行员工管理的基础。

02

整合群体智慧

互联网原住民是在数字网络环境中成长起来的一代人。他们始终以群体方式活动，整个网络世界就是他们的家园。在这一点上，他们远胜那些成名的公司。如果大佬们不想失去与市场的联系，他们就必须尽快学会如何有效地运用社交网络，并且卓有成效地利用群体智慧。群体智慧就是众人的智慧，一种在某种程度上自我组织的集体智慧，超越行政管理与官僚主义，可以产生多种多样的创造性思想。

为了实现突破性的创新，当然必须得到专家的肯定，有时还需要坚决果断的领导给予策略上的支持，然而一言堂式的决定也容易将企业引上歧路。如果只是僵化地期待创新，将对一个组织的创造力造成致命的打击。网络中当然也存在需要人们遵从的权威，但是不是封闭的组织中那种盲目的服从。未来的领导艺术就是将积极的领导效应与员工群体智慧成功地结合起来，并且使客户积极参与价值创造链条的各个环节，实现一种三方的共存状态。

很多年前，社会学家詹姆斯·索罗维基（James Surowiecki）出版了一本世界级的畅销书《群体的智慧》(*The Wisdom of Crowds*),他在书中引用很多例证说明了一个群体在正常情况下“比其单个的成员要聪明”。当然这种现象只有在群体组成异质的情况下才会出现。因为同质的群体有着同类的成员,他们意见相同,倾向类似,墨守成规,很难进行创新。异质群体的创造力来自成员不同的思维方式,以及与此相联系的愿意实践的特点。群体不参与成员意见的形成,每个成员都具备相关的重要知识,而且每个人都能够自由地表达意见,只有这样这个群体才能做出智慧的决定。此外,群体的成员必须能够见面——在虚拟空间或现实生活中。

为群体智慧创造环境

Skype、维基百科、博客、活动流和文件共享以及其他的网络工具使合作摆脱了真实的地点,造成了一种虚拟的“离散”。然而,人们现在逐渐认识到,在看见对方的情况下才能实现最优协作,因为真实的思想意识会在手势和表情中体现出来。大部分人都可以通过直觉判断对错。当人们身体距离很近的时候才能对相应的信号进行解码。数字化为这一情况提出了相应的解决方案,例如,视频会议技术。不久的将来我们就可以看到群体成员的 3D 影像或者全息图。

其实我们无须期待这些。约翰·麦(Jochen May)在《企业的群体智慧》(*Schwarmintelligenz in Unternehmen*)一书中写道,领导者现在就可以“为群体智慧的顺利发展创造一系列前提条件”。他提出以下三点:

● 信息流:能力的网络化联系要求每个群体成员随时掌握所有必要的信息,同时还要确保时间不会浪费在无用的信息垃圾上。

● 创新支持:企业需要提供一些措施帮助单个群体成员,使之关注有价值的想法,有必要时帮助其顺利实现这些想法。我们会在后面介绍其中的一些措施。

● 协调行为：协调群体内部的意见多样性，引导人们在没有权威的情况下形成统一意见。一般情况下，等级制度妨碍群体，对其发展产生不利影响。

然而，首先要在各个方面为群体智慧的发展奠定基础。制度化的信息呈报方式和精心维护的决策垄断体制主要是为获取权力服务，这些只会妨碍群体智慧的发展。员工需要具备群体智慧的行为方式，因为群体智慧要求人们为结果负责任，这会引起人们的恐惧心理。此外还需要勇气、时间、耐心，不可能一蹴而就地解决问题。

为了使其更好地发展，还需要广泛的自由度、快捷的决策通道、高度的灵活性和协作网络。线性结构在这种情况下并不适用，因为这种结构只显示一个方向，阻碍了人们对其他人的关注，而其他人也许会提出更好的办法，我们现今面临的情况复杂程度不断加剧，自行组织的结构更加适用。最好的例子就是互联网这一数字化之母，这是有史以来最成功的商务模式。

互联网没有老板

人们在互联网中集结成群体，他们不断变换着方向，不断求新、求异、求佳。这里的互联网并不是指数据的网络化，而是指知识的网络化。这种网络如何运行呢？社交网络由网络平台、网站和社会化网络组成，是一个自我调节的系统。很多人都应该参与过其中的一些形式，不少人已经尝试过所有形式。众筹就是一个有趣的例子，大量的投资人通过 Startnext，Kickstarter & Co. 等集资平台投入小额资金为一些有价值的项目集资。网络技术简化了这样的集资形式，或者说这种集资形式只有通过网络才能实现。

人类大脑回路通过 20 个左右的神经元连接，因此人们有多种方法可以完成任务，而学习和数量输出的能力几乎是无限的。但是如果不加以使用，人们的这种能力就会慢慢荒废。这个原则就是“要么使用，要么丢弃”。知识也是同样，如果人们分享，知识就一定会增加；如果将知识隐藏起来，它就会慢慢消失；如果知识实现了网络化，就会出现意想不到的结果。例如，创造力会随着平等参与者数量的增加而提高。所谓的“幸运的机会”也会随之增多：很多人参加有助于获得意外之喜。

> 自上而下金字塔式的组织结构纯粹是领导层的自我吹嘘。

因此触点公司不需要那些服务于高层的顾问，他们将自己“闭塞的”智慧秘密地透露给领导层，目的就是由领导向下传达。这些公司需要的是像扳道工一样的神经元，他们可以实现最佳大脑回路。公司还需要起到催化剂作用的（外部）输入者，他们会唤醒优秀顾问的集体智慧：这些顾问就是自己的员工和通过社交网络联系在一起的客户。公司的任何角落都要为“创新创造可能的空间”，方针政策应该为创新的、自负责任的行为让路。

03

实行协作结构

协作是互相联系，而不是互相敌对，同时要打破各个部门之间的界限。在网络化趋势不断增强的世界里，我们需要互相激励的朋友、值得信赖的盟友和互相扶助的旅伴。苹果公司将协作称为“互相促进”。如果公司的组织结构是建立在竞争之上，而不是以协作为基础，那么“其他人”就必然是竞争者（如果还没有发展到敌人的程度）。人们在这种情况下会与其他人隔绝，传递错误的信息，以牵强的理由拒绝提供帮助，让所谓的对手成为牺牲品，人们只能用这种方法让其他人得不到好处。为了争夺下一步的成功，当然也为了地位，每个人都尽力拼抢最大的那块资源蛋糕。只要这种以业绩为基础的单轨制激励体系仍然存在，以利润为核心的思维不改变，那么呼吁人们合作的努力就没有任何效果。

企业内部执行链条快速顺畅地协作，要求人们彻底告别本位思想和内部竞争，因为这些情况只能滋生部门的自我中心主义，不利于客户，客户很快就会发现企业内部运作不顺畅的现实情况。因此，必须精简充满繁文缛节的规章制度，明确纠缠不清的责任分工，限制内部政策中的权力层级，还需要重新树立榜样，改变组织结构。很多企业都大张旗鼓地宣称自己以客户为导向，但至今还没有一家企业将客户纳入自己的组织结构图之中。如果企业宣称自己“以客户为中心”，那么必须将这一理念通过“以客户为核心”的关系网络的形式落到实处。

自上而下金字塔式的组织结构关注权力，而不是市场，充满了等级观念、僵化思维和顺应妥协。形式严格的组织中的成员就像这个社会中的某些文化一样，不健康，也无法长久存在。这些在一定程度上已经死亡的制度体系在数字化风暴中没有丝毫存活的机会。因此要活跃起来，将群体智慧带入你的组织结构，让你的员工走出小格子，将棱角分明打造成多姿多彩，让员工们围绕着客户和项目！这就是现代化的网络。你还需要了解一点：每家企业都存在网络结构，这是最活跃的非官方关系网，也是每个组织中真实的权力结构。

优先选择混合型组织

> 尽可能多地采用群体智慧，而只保留必要的等级制度。

网络中没有上下之分，也不存在明显的等级制度。网络中流行的分享文化无法容忍划分界限。“我的”和“你的”紧密联系，互通有无。网络组织形式分散，反应迅速，有着很强的适应性和灵活性，是创造力的孵化箱。企业可以实行一种自由的发展结构，让自己沉浸于一种创造性的“混乱”之中。领导体系在这种情况下的作用是保障秩序，确保企业的正常运转。我们可以参考消防队的形式：火灾发生时，所有人都要听从指挥，认真地按照规章行事；火情被排除，队长会和队员一起探讨如何在下次险情中做得更好。尽可能多地采用群体智慧，而只保留必要的等级制度，这是一种实用的模式。采用这种模式的组织称为混合型组织，它结合了二者的优点。

混合型组织就是协作，即将群体智慧与等级制度相结合。成功的范例就是谷歌公司，它成立于 1998 年，在 2013 年成为仅次于苹果公司的全球最有价值品牌。谷歌公司将等级制度最小化，将小规模、独立运行的高效团队结成广阔的网络。谷歌公司提供轻松的工作氛围，员工提出的理念就是永远首先考虑客户的利益。不仅是公司本身，就连谷歌搜索引擎的理念都是混合型的。无论用户在搜索框中输入什么内容，谷歌都会要求互联网列出最有用的信息。这些信息会在大约 0.2 秒后出现在搜索结果列表的最前面。但并不是每种声音、每个链接都有意义，从第三页开始结果就很相似了。自身有意义的网站具有“权威”，它们更有力度，可以帮助提升其他网站的意义。

建立全新的组织结构

权威在某些方面有存在的必要性和意义，所以我描绘的组织结构图不是圆形的，而是椭圆形（见图 5）。领导者可以融入每一个相同的椭圆形网络之中，但仍然占据着突出的位置。此外，这一形态也适用于会议。正如图 5 所示，客户被赋予一种（象征性的）核心地位。具体应该怎么做？你可以将客户头像设为屏保，或者也可以问问你的员工，他们肯定会有奇思妙想。

组织结构图就像一个会议室，老板会将自己左右两边的位置安排给他认为特别重要的人，那么很明显就应该是市场部门、销售部门和人力资源部门的负责人，遗憾的是现实往往并非如此。这些部门负责企业最有价值的财富——积极的员工和忠实的客户，理应采取一切措施提升这些部门的价值创造能力。然而，如果是财务和审计部门说了算，那么能不做的事情就都会搁置下来，因为它们的目标是降低成本，没有生命的数字这时就会掌控权力。然而通过数字来操纵人们的想法永远只是退而求其次的选择，良好的感觉才是最重要的。

如果你现在计划进行改组，那么我建议你画一张示意图，而不是仅

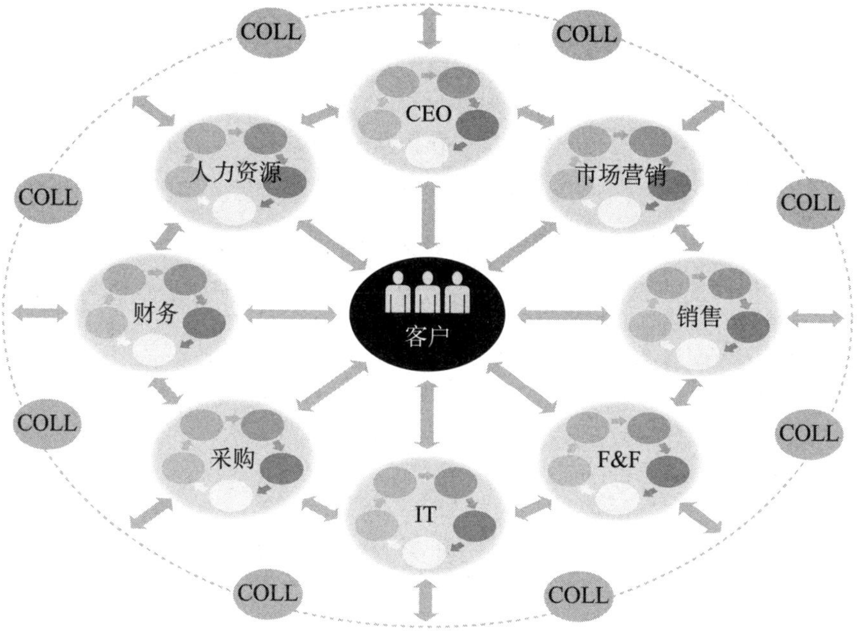

图 5 组织结构的示意图

每个人都以开放的形式与其他人联网，目的都是为客户的利益服务（大圆里面的小圆代表可以独立决定的员工，外圆中的圆圈代表外部协作者）。

用文字表达，那只是公司网站宣传的工具，而且这种表达的可信度早就支离破碎了。你需要一张直观的图片，将你在未来构建组织结构的想法真实地反映出来，这完全不同于自上而下的组织结构。人们只有看到了图片，才能产生想象，并相应地按照想象行事。如果人们对群体智慧的价值达成一致，那么新的组织结构图就将成为建立触点公司的出发点。每个公司可以根据自己的不同情况调整这个示意图。于尔根·福克斯（Jürgen Fuchs）和霍尔格·福克斯（Holger Fuchs）在《等级制度的终结》（*Schluss mit Hierarchie*）一书中介绍了一种组织形式：领导、员工和客户在一个水平面上活动。我在之前的一本书中介绍了树状组织结构图：领导是基础和树干，员工是枝叶，客户是共同努力结出的果实，果子里面的种子代表着新的客户。

无论你的示意图最后是什么样的，我希望这样的开始能够引出正确的问题：这一切对我们意味着什么？为了使这个示意图正常运转起来，我们希望在组织结构、等级制度上做出怎样的改变？我们又必须改变什么？我们怎样实现跨部门、跨等级的群体化组织，抓住瞬息万变的市场机遇实现盈利？应该使用哪种新的领导形式？我们可以从候鸟的飞行编队中学到一些东西，至少有一点：为了让员工发挥才能，请让他们“飞翔”。

为了让您的员工发挥才能，请让他们“飞翔”。

04

削弱对等级制度的感受

两个人见面时首先会完全下意识地对彼此的地位进行估计：对方比自己权力更大、更有影响力、更聪明、更富有，还是更愚蠢、更穷困？他有能力将这个人从我身边夺走吗？他有多高的社会声望？他威胁到了我的地位或者我的工作岗位吗？我从哪里看出他的地位是高于我，或是在我之下？这种信息的流露通常非常微妙，难以言表，可以是问候的方式、目光交流的强度、大幅度的手势，也可以是讲话时间的长短。高音表示要求服从，自信的胸腔共鸣音表示需要尊重，男低音通常比男高音赚得多。大脑能够做出判断，尖声说话只是在演戏，严肃的面孔和洪亮的声音才是认真的。

> 权力都有正反两面，它使好人更好，坏人更坏。

地位高的人发号施令，他们不需要征求别人的意见；而地位低的人只能听从，却不能发表自己的看法。地位低的人即使说出了自己的看法，也是无足轻重的。为了随时确保自己高高在上，占据高位的人需要权力的标志，同样需要顺从的表示。屈从听命的标志包括轻声细语、低眉顺眼、垂首帖耳，也包括谦卑的微笑、胆怯的道歉，这些表现能克制一种想要撕咬的冲动。研究显示，战斗中的失败者如果立刻表示服输，获胜者的睾酮值会继续上升。下意识的谦卑是组织保持行动力的前提，即使今天也是一样。只有将地位问题解释清楚才会出现平静的状态，只有这时人们才能开始考虑实际问题。

集体需要适当的制度体系，因此不可避免地会出现等级制度，但等级制度并不等于臃肿庞大的体系。将裁撤机构作为一种节约成本的途径，并不是本书的出发点。我在这里要说的主要是人们头脑中的及感受到的等级制度，以及其危险的后果。一个重要的问题是：你企业中的等级制度以何种方式存在？是在高层还是底层？还存在多少纯粹形式上的象征地位，也就是通常所说的“权力的饭桶”？人们会做出哪些语言和非语言的表现来显示优越性？谁会有这类表现？人们会适时地看出这些信号吗？通常怎样对待这些信号呢？谁一直在扮演主人或仆人的角色？有什么样的结果？这里需要大家注意：这些事情会进行得非常微妙，实施者训练有素，措辞恰当。然而人们还是可以通过揣摩词语中的意思感受到他们的态度。一切最后都会归结为一个问题：你会怎样处理权力？

如果人们单纯地依靠等级制度来维护权力，那他们就会不顾（员工私下）反对的风险。权威们只有证明自己行为的正确性，才会得到互联网原住民的认可。那些“仅凭职位”而形成的制度性的权威立刻就会遭到质疑，传统的地位象征已经失去了其影响力。我的一位年轻朋友不太看重等级，她被提拔到领导岗位后仍然骑自行车上班，而不是乘坐豪华的商务车。她的同事很快就拜托她不要再骑自行车了，因为整个部门在其他部门面前都抬不起头。很显然，这家公司的等级制度仍然通过办公室面积、花盆数量和汽车等级来定义。但是类似的做法非常危险，因为这既浪费时间，也对公司的氛围造成了压力。

权力本身并没有好坏之分，重要的是人们如何使用权力。权力都有正反两面，它使好人更好，坏人更坏。权力有着巨大的诱惑力。大脑研究者称，面对权力人体的荷尔蒙指数会发生变化，主要是睾酮值升高。人们就成为T型人格，甚至可能变成精神变态者、自恋者和唯利是图者“三种阴暗人格的结合体”。可能出现的结果包括：肆无忌惮、过分追求结果、以职位做交易、以自我为中心。公司的经营重点就变成了迎合投资者、讨好媒体以及追逐金钱，完全不管这种做法是否对经营有意义，是否符合大众的利益。

睾酮这个权力毒品也抑制了同情心。当然，睾酮也是一个厉害的监督者，它关注增长与进步，带领我们大步前进。然而如果想法出现偏差睾酮就会变成魔鬼，它怂恿人们不断扩张，突破法律许可的范围，产生僵化的视角。每个获得权力的人都必须特别小心，因为权力会改变人的性格。人们如果越来越轻率地对待权力就会盲目地高估自己，变得不讲道德、丧心病狂，甚至可能会走上犯罪的道路。人们的社会能力会逐渐萎缩，变得感情冷漠，也不再进行自我批判。通常情况下没有人会出来制止，因为权力狂人禁止人们发表反对意见。此外，职场上的升迁与默认领导的错误和困境紧密相连。

权力与恐惧是一对孪生兄弟

恐惧主宰的地方不可能出现创造力。

权力总是伴随着恐惧。积极向上爬的人害怕错过结交盟友的机会，而已经升到领导岗位的人则担心失去伴随权力而拥有的特权。结果就是权力的拥有者严密监视自己负责的领域，坚持孤岛思维，像守卫宝藏一样保护自己的知识，而非与他人分享。如果领导与员工将对方看作“上面的人”和“下面的人”，那么双方关系的破裂就是必然的了。由此导致的人与人之间的冷漠还只是小弊端，更重要的是这种感情会极大地浪费资源，因为这造成了一种威胁、阴谋、妒忌和控制欲笼罩的氛围。人们的关注点都在自己身上，每个人都只和自己打交道，那么留给客户的时间就很少了。最严重的弊端是：由恐惧主宰的地方不可能出现创造力。

创造力是未来的核心资源。为了从平庸中脱颖而出，挑战规则的思维是决定性的成功因素。现在已经没有人愿意为平庸买单了。如果一家公司中都是圆滑的员工和没有自己见解的随大流的人，怎么能形成与众不同，或者说特立独行的气质呢？所有人都只是眼巴巴地看领导的眼色行事，而不是走出去寻找客户。老板的一句话就会让一个有价值的倡议搁浅。有潜力的优秀员工也会慢慢明白，他们的想法是没有用的，也就会逐渐随大流了。

领导应该努力使自己装腔作势的官僚做派降到最低程度，尽力减少大家对领导与员工之间社会差距的感受。如果领导能定期到员工办公室，而不是命令他们来自己办公室，就已经是一种进步了。这是尽可能减少不平等感受的一种手段。然而只有具备自然权威和魅力的坚强的人才能做到这一点：亲近员工、保持独立正直的领导品格。这样的领导即使有一些小毛病也会受到员工的爱戴，人们愿意始终追随这样的领导。

怎样弱化等级制度

等级制度可以通过服饰表现出来。如果仔细观察，领带就像一把剑。我们会下意识地将这些象征解读为信号。有趣的是，只要是严肃的商务场合，人们都会系上领带，而一旦解释清楚了合同条款，签订了合同，人们马上就会松开领带，放松下来。如果身处权力的中心，进行更大的争夺，先生们还会穿上马甲，就像是铠甲，这似乎是一种额外的保护。

如果想要和员工打成一片，缓和他们的情绪，就要脱下管理者的外衣，换上轻松的面孔，这样员工们就不会那么胆怯。然后组织就会从领带束缚中解放出来，丰富多彩的着装走进办公室，制服式的“西装灰”最终从办公室消失。人们不可能从整装前进的士兵中得到新鲜的想法。

人们永远对市场上的真知灼见感兴趣。弱等级制度的运作会取得怎样的成功？告别孤岛思维模式会带来哪些好处？

关于领导者惯用的表达方式还有几句话要说：他们的交流方式是以受众为目标，而且适用于目标群体，还是含糊不清、空洞无物，充斥着外来词？正是后一种表达方式在上下层之间划下了紧张的鸿沟，这将妨碍公司的成功。相反，如果领导的语言清楚明了、具体亲切、形象生动，每个人都听得懂，那么就会拉近领导与员工的距离，增强员工取得成绩的意愿。云山雾罩的废话不仅会拉大领导与员工的距离，同时也包含着风险：普遍的困惑、误读和误解，这都将导致错误的结论和决定。而人们要为这些错误付出高昂的代价。

> 请盘点一下自己的交流方式，坚决扔掉所有的消极因素。

史蒂芬·克勒是一家广告公司的老板，他在《德国商报》(*Handelsblatt*) 的一个专栏中写道："……对外联系不断优化，而对内交流则非常刻薄。"用于广告、媒体和专业记者写出的高水平文章的表达方式也用于一对一的内部交流。人们从没有花心思将媒体报道的语言改写成员工语言。通过这种行为可以明显地看出，领导对下属有多少尊重呢。专业语言像密码一样将其他人排除在外，也将其他人降级为门外汉。这不可能是领导们的目的！亲近员工的交流方式会填平鸿沟、建立联系的桥梁。我将在第三部分详细介绍这部分内容。

05

减少规矩束缚

有一点是确定的：在通往未来的旅程上人们需要轻装简行，因为市场就像兔子一样，会突然改变行动的方向，市场不会为计划的数字游戏、过度的预算和大量的 Excel 表格预留时间。德力（中国）有限公司的口号是："计划永远不能比立刻改变更快。"因此企业首先要卸掉过去商业世界的沉重负担：从来无人问津的传统、无人想要宰杀的神牛、已经锈迹斑斑的管理方法。必须要放松内部的管制，清除障碍，迅速地改变指令式的监控体系。毫无疑问，拿着过去的武器不可能赢得明天的战争。

> 标准只能产生标准成绩，而这只能代表平庸的水平。

时不我待，我们还需要改革很多陈旧的方法和过程。这些牢固的体系当然是倾向于保持传统，而不是果断行动。监控是一项滞后的手段，它只能显示已经发生的错误。官僚主义和行政管理则会延缓或者阻碍人们做出决定，甚至会将决定引致错误的方向。标准只能产生标准成绩，而这只能代表平庸的水平。这样的水平能保证计划的执行？这本身就是一个矛盾的说法！如今企业在市场上的遭遇永远都是暂时的，唯一确定的就是在新的营业年度的第一天，人们就会发现计划与实际总是存在偏差。那么勇敢的经理人在做什么呢？如果他并不根据现实，而是遵照计划，这也太荒唐了！

的确，规则和日常规范可以确保业绩水平，有助于减轻工作负担，也能避免恶性事故的发生。但是它也会渐渐导致日趋僵化，总有那么一天，人们不再考虑“我现在怎么做到最好”这个问题。如果指导手册变成了法典，那么员工就会不加批判地遵照规定的流程干活，完全不考虑这么做是否有意义。而他们的上司就会将自己看作规定的保护者，严格监督规定的执行情况，员工稍有偏差就会受到严厉的惩罚，改良的建议也会被视作对规则的冲撞。进化中的停顿也是预先设定好的，那么缺乏主动性和随大流的情况就会随之出现。多元化观点变成了一元观点，并且与现实脱节，最终演变成简单的决定。

迷信“ISO”会造成趋同

一个曾经做过火车卧铺车厢乘务员的朋友对我讲道：“火车上的厕所有时会因为技术故障关闭。针对这种情况在服务手册中有如下规定：如因技术故障导致车厢厕所关闭，应向乘客提供一份免费饮料。”这就表示，火车的服务并不是将客户期望作为标准，而仅是按照规则来运作。某些经理人似乎已经失去了正常的理智。更糟糕的是，规则会造成趋同，也就是说，一切都因为不断地相互适应而趋同。然而在未来的世界中，只有特殊的、吸引人的、值得注意的事物才有机会。

确保基本质量当然是正确的，在某些情况下甚至是至关重要的。但是如果每出现一个小问题就制定一条规则，每个过程都设置一份表格，那就是执著于过程。这些过程会使组织运行缓慢而荒唐。如果制定一条新规则的同时没有废除另一条其他的规则，那么工作压力就会逐次增加。

最后巨大的规则枷锁就会将员工变成木偶，他们只能毫无意志力地屈从于愚蠢的指示，强迫客户接受工业化的服务程序（“这是我们的规定!”）。他们就像提线木偶一样在电话旁边或者快餐店的柜台里为客户服务。

杀死愚蠢的规则!

领导专家莱因哈德·K·施普伦格（Reinhard K. Sprenger）说过：“要改变结构，而不是人。聪明的人在愚蠢的组织中毫无机会可言。”就是这样！不能再将让客户满意的责任推给厚厚的手册了，这一责任必须由客服人员承担。第一步，请减少规则！请将以下内容列入会议的议事日程：杀死愚蠢的规则！具体来说就是，我们这一星期可以废除哪些愚蠢的规则和行政命令？这里可以提出两个核心问题：

- 企业想要什么？这是基本规定和指导方针，没有商量的余地。员工和客户需要非常清楚，什么事情可以做，什么事情绝对不能妥协。这是客户满意度的底线。

- 客户想要什么？这是吸引客户的活动空间，员工可以根据具体情况进行创造。当然也需要制定一些游戏规则和界限，但是应该提供尽可能广阔的比赛场地。因为只有在客户满意之上才是吸引客户的空间，这时需要员工展示他们的灵活性、个性和即兴的才能。

底线之上能做些什么呢？这需要去询问客户！但是首先需要询问和客户打交道的员工！只要多问几次，员工就会很快进入状态，产生天才的想法。“上面的人”做出决定，但是他们对决定的内容远不如“下面的人”了解得透彻。正因为如此我们才需要适应群体智慧的氛围。可惜很多经理人仍然认为组织边缘不存在有智慧的人。但是事实恰恰相反，对于企业来说最有价值的信息正是来自这里。

> 很多经理人认为组织边缘不存在智慧的人。但那里却存在着最有价值的信息。

然而，只有员工觉得自己的想法会得到重视，他们才会献出自己的建议。而且他们需要知道，犯错误也不是什么大不了的事情。错误是进化与革新需要付出的代价。我们应该允许尝试革新的人失败。犯错误是为了学习成功而进行的练习。积极细心的“犯错学习”文化不可避免。因此公司至少需要保留一条标准，那就是：“反驳老板！”单是这一点就已经可以催生很多小创新了，这会简化每个人的日常工作，也会使客户得到很多乐趣。

06

削弱筒仓思维

我经常出差进行商务培训，这是我的工作。不久前，我参加了一个移动通信供货商的管理会议。会议上，一位新上任的营销经理自我介绍，他是“客户服务中心的天敌”。我很诧异，因为两个部门都在为客户服务。我问他产生这种看法的原因，他解释道：“销售部门没有遵守营销部门的许诺，客服中心的员工就会接到客户投诉的抱怨。”

这种部门之间的不协作绝对不是个别现象。为了签下看起来有利可图的订单或者为了获得丰厚的奖金，营销部门会许下无法实现的承诺，这会让其他部门在履约过程中陷入窘境，很多人都对此深有感触。公司网站或者宣传材料上还印着早已停产的产品，这让生产部门的员工感到不知所措，而且人们还会在这种情况下互相推诿责任。汽车生产商将汽车配置的网络展示归为营销部门负责，而4S店中的汽车配置则由销售部门负责。4S店的销售使用一套不同于客服中心的系统，这么做的结果就是客服中心的服务人员不知道销售人员对客户说了什么，他们必须重新做记录。一名员工抱怨道：“我们对汽车了如指掌，但对人们开的那辆车几乎一无所知。”

一位银行的区域经理高调庆祝储户人数实现了突飞猛进的增长，但是不得不接受老储户的指责，因为根据活动的规定，所有新开设的账户如果可以保留一年，那么储户将会得到40欧元的奖励，而已有的老储户则没有任何好处。这些人会怎么做呢？他们也不傻，他们清掉了自己的账户，然后重新开户赚取40欧元的奖励。

这些只是每天都在发生的事情中的几个例子。员工之间你争我夺，客户面对这样的情况只能任凭摆布。这些现象的共同原因就是筒仓思维。筒仓是管状的贮藏容器，粮食从上面倒进去，从下面流出来，如果筒仓里的东西没有变质，那么流出来的东西就是一样的。如果几个筒仓并列放置，而且每个筒仓里面装的东西都不一样，那么里面的东西就不会混淆。在传统的工业文化和工业化的企业中，这种筒仓结构有着自己的优势，但这种结构在网络化的世界中就是一个个死气沉沉的管子。筒仓代表着分工的独白，而网络则是合作的对话。筒仓提供的是危险的隧道视角，而网络则带给人们丰富全面的体验。真正创新的内容都产生在交接点、在边缘地带以及灵活的“特遣部队”活动的地方，而绝不会出现在筒仓中。

筒仓导致只关注输赢

不久前，某家分销商的董事对我说：“我们的线上线下渠道在有意识地进行竞争。”分销经理不安地问道：“如果客户不断地在各个渠道之间变化，那么这些营业额应该算谁的？”我的回答是：“总体来看，客户是在你们这里而不是去竞争对手那里购买。”在筒仓组织结构中，每个部门都想做到最好，因此产生了输赢的心态，在这种心态的驱动下，人们一定要分出赢家和输家。为了争夺预算资源和高层的关注，各个部门在内部竞争中不断地消耗精力，而不是共同努力为客户提供服务。各个部门都将自己的精锐人才隐藏起来，不让其引人注目。各个专业领域之间的交换并不是由用途来决定，而主要从政治角度来考虑。到处都弥漫着求全保险的心态。当一切都在筒仓中上下移动时，任何事物都不会变化。调整过程中不能忽视任何人，结果就是没完没了地抄送邮件，使用暗送收件人维持这个非正式的网络。

伴随着筒仓思维，产生了很多维护自身地位的做法。人们为了美化自身的形象不惜利用整个组织。这时人们关注的更多是层级而不是内容，首先要有非常大的规模！总部筹划的新产品展示还在逐层向下传递时，公司的上层就已经在酝酿下一个项目了。如果树立形象的人得到升迁，那么他的继任者就会扮演狮王角色：咬死所有的前任党羽，然后重新培养自己的心腹。

等级制组织如何向创意空间学习

通过自由职业者中知识精英的宣传，人们已经熟悉了共同工作空间和创意空间。这种非常规的办公室形态满足了人们对创新人际交往的需求，将潜在的交流与灵活的工作时间结合起来，是一种协作的群落生态环境，也是未来办公室的范例。这一概念也符合本书的理念，因为这一概念一方面通过测验和学习描绘了不断变化的过程，另一方面也是对传统组织的等级制度文化的突破。

共同工作空间最初只是 IT 人、文艺人的聚集点，后来较大的公司也对此产生了浓厚的兴趣。就连大集团也派员工进驻共同工作空间，使他们脱离日常事务。“我们就想要这样工作。”那些（必须）返回自己办公室的人都这么表示。因此，途易公司（TUI）在汉诺威大学附近的 Modul 57 创建了自己的开放项目工作空间。在那里工作的人都表示：“这是一个为创造力充电的好地方。”其他地方也已经将创意空间的概念引入企业内部。过去员工在大办公室的“格子间农场”里机械地完成每天的工作，现在这种状况得到了改变，这种类似广场街市的办公环境形式灵活、鲜艳明亮，有利于激发灵感。弗劳恩霍夫劳动经济与组织研究所（Fraunhofer Institut IAO）的“Office 21”项目经理斯蒂芬·里夫（Stefan Rief）在接受*ManegerSeminar*采访时解释说：“新的空间理念必须解除我们自己设置的已有障碍。”这种情况下产生的聚集点不会给筒仓思维和权力结构留有任何空间。

共同工作空间就像通往未来工作的一扇窗，也是未来商务模式的实验室。琳达·格拉顿（Lynda Gratton）是伦敦商学院的教授，她在《哈佛商业经理人》（*Harvard Business Manager*）上撰文指出：“可以想象这一空间也可以对外部打开，例如对客户开放，他们始终期待着参与产品和服务的发展。”是的，一定的！客户的每一次参与都将帮助公司脱离筒仓的狭小空间。本书在后面还会讲到这部分内容。

07

实现数字化转变

我们必须很好地与 IT 人员协调，因为在信息化浪潮不断高涨的过程中，他们的意义与日俱增。数字化革命已经席卷了几乎所有的公司领域。在对凯捷（Capgemini）IT 趋势博客（IT-Trend-Blog）的采访中，趋势研究专家彼得·维普曼指出："我们很难想象未来还会存在不与全球 IT 网络连接的人或者机器。"企业中的每一个人都有义务掌握全面的数字化知识。

公司内部的 IT 员工别无选择，他们必须拓展过去封闭的内部 IT 服务，同时还要负责确保数据安全。云计算、大数据和自带设备办公（Bring your own device）是这一发展中的核心组成部分。这就是事实！维普曼提醒道："大数据不仅是一项技术，也是一种文化挑战，因为数据还不是知识。只有提出正确的问题并建立正确的连接，数据才会产生有用的认识。"大数据（以分析为目的的海量数据实时处理）不仅要求大量的服务器，更需要积极投入的智慧大脑。

摆脱僵化的数字观

现今世界充斥着海量数据，但盲目依赖数据却很危险。阿克塞尔·格罗格尔在《超越明天》这本书中强调："获取信息越来越简单，但是在日渐汹涌的信息洪流中准确定位越来越困难。"伊冯娜·奥茨曼在技术杂志*t3n*中撰文进行补充，她认为知识与信息的累积无关，因为信息可以随时随处调取，"重要的是将信息进行合理转化与应用的能力"。真正重要的不是数字栏，而是员工、企业和客户之间的触点，但这常常是人们忽视的地方。人们在（数字）墓地中只能找到尸体，但是也可能由数万亿的比特积累出新的认识。

指数当然非常重要，而且其可量化的特性将帮助我们区分良莠。但是很多董事会对数字的依赖性糟透了。人们经常在偏激的状态下做出错误的决定，但重要的是人们可以对这些决定进行评估。管理信息系统生成大量数据表格，这些表格构建了一个由随意确定的几个季度组成的数据世界，这个世界导致权力中心接触不到真实的状况。没有人可以逃脱指数的枷锁。就连员工的表现也靠"仪表盘"和"驾驶舱"来操纵，好像把人当成了机器，只要测量转数就可以确定性能。从每年9月份开始，报告和预算程序让公司一半的业务陷于停顿，这种做法消耗了大量资源。我有时觉得这是用一个计算器就能完成的项目，因为只要能够处理数字就可以，完全不需要和人打交道。

不妨用电脑算一下：预算程序和整个监管体系会带来怎样的投资回报率？人们沉浸于数字世界而不能给予员工和客户应有的关注，这样导致的机会成本到底有多少？最后，人们还应该思考一下这个非常重要的问题：公司将三分之一的成本用于管理，至少一半的时间用于和自己打交道，更主要的是滋长了官僚主义，这些累积起来代价会有多大呢？年轻的企业家们早就明白了一切。与精简迅速的行为和颠覆性的创新竞争，臃肿的老派官僚主义绝无获胜的可能。

为求数字准确，人们在仔细核对上浪费了大量时间。较大规模的会议都遵循一样的流程：首先是公司高层以 PPT 的形式展示结果数据，但是第三排以后的人就什么都看不见了。无所谓！这个环节本来就是自说自话、照本宣科。前面的主讲人对着屏幕讲话，下面的观众认真地玩手机。宣布下一年度预算的时候，每个人都在盘算用什么样的（肮脏）手段可以确保自己的计划份额。每周五都是"童话时刻"，因为这个时候需要提交每周报表。企业最后并不是按照报告的可行性进行奖励，而是依据报表中的谎言、计谋与欺骗。如今，"黑天鹅"这种极不可能发生的事件随时都可能出现，因此我们应该为可能出现的任何情况设计灵活的目标与计划。"黑天鹅"不会等待预算程序，而"白天鹅"已经不存在了。

> 经理人应该紧随客户行进，而不是跟着预算跑。

利用数字化新技术

所幸先进的数字化带给我们的并不只有海量的数据，还会帮助我们完成企业内部的转型。相应的技术早已存在，只是很少得到应用。这类技术与公共社交媒体软件类似。企业内部的社交网络也被称为社交平台，主要用于项目协调、信息管理和内部交流。这一平台有助于公司实现自由、开放和协作的企业文化。所有员工始终可以参与意见征集、拓展与评估，甚至可以在更广阔的平台上参与讨论、决定企业未来的发展方向。

互联网原住民本来就很熟悉这类软件，其余的员工也会很快爱上，因为一切都非常简单。每个人都可以调取各种组织有序的信息，还可以拦截那些浪费时间的邮件。根据 Beyond Email 公司的迪尔克·赫尔穆特介绍，仅制定会议日程这一项的平均时间就从 83 分钟减少到了 26 分钟。

人们不需要填写无聊的（改善建议）表格了。协调并监督一切的委员会也成了多余的机构。据 IT 分销商 Synaxon 集团董事长弗兰克·罗伯斯在《哈佛商业经理人》中的介绍，自从引入了协作社交软件，员工的工作效率提高了四倍。

以下是最常用的协作社交软件：

● 企业维基：与维基百科类似，企业维基是将企业信息统一整合的理想方式，可以用关键词目录的形式供员工调取。每一位经过授权的员工都可以积极参与，添加新内容，并对已有内容进行补充和更新。逐渐增加的信息以结构化形式进行保存。这种方式避免了重复劳动，所以整体效率有所提升。离职员工贡献的信息也将得以保存。如果解决了所有结构的问题，系统成功启动，并且整个体系内容充实，那么“看看维基吧!”就会成为公司的流行语。

● 企业微博：Yammer，Communote 或者 Social Spring 的网络服务按照推特原则运行，将企业内部信息转变为短小的形式。这是一种类似留言板和广播结合体的形式，只要人们能够打开账户、登录系统就可以发布信息、浏览别人的意见、转发并评论信息。企业微博还有另一个好处：企业内部的一切信息都是公开的，这可以抵制不良信息的传播。

● 协作博客：这是一种针对项目内部和外部员工进行合作的非常理想的方式。这种博客可以用来交流经验、存放数据、记录工作流程、统计现状以及进行评论。例如，可以利用企业内部博客统计所有的销售数据，并不断扩充信息。

● 数字建议库：这种方式可以取代过时的企业建议系统，理想形式是维基、博客和评估体系的结合体。人们可以在建议库中发布想法，并通过文件、图片、音频和视频等形式进行具体解释。每条建议下面都有一个评论栏，每个用户可以提出自己对这一建议的看法和/或者经验。此外还有一个五星评价功能，以及这一建议是否对你有帮助的提问。这个数据库还内嵌了计数功能，可以显示每条建议的点击量。最后还需要引进一个有新意的激励体系，鼓励那些最有效率、票数最高的建议，以及最有创意的员工。

- 员工发展网站：这些网站包含一些小规模的培训计划（微学习）、培训视频、互动主题论坛以及实时更新的入职和进修手册。重要的是要取消“一切自上而下的原则”。这种形式主要是一种社会学习平台，人们完全按照游戏化的原则轻松互动地学习。这些网站当然需要与企业博客和维基等联网。

- 内部企业博客：无论是公司领导、员工，还是实习生都有权登录这个博客，他们可以在这里发表他们关心的内容。人们还可以利用评论功能进行热烈的讨论。管理员负责讨论的有序进行。管理层应该定期参与讨论，诚实坦率，而且可以接受直言建议，这样才能使这种博客继续办下去。

- 移动应用程序：现在远程办公的员工人数不断增加，未来将是这种利用移动终端的社交软件应用程序的天下了。人们随时随地都可以进行移动学习、协作和互动。虚拟信息通过增强实境技术转化为现实，并在手机屏幕（或者谷歌眼镜）上展现出来。

通过以上简短的介绍可以看出，你有多种选择，可以根据自身需要选择相应的工具。无论选择了哪一种形式，公司内部的整体氛围都会实现新的转变。工作效率将会提高，集体感会增强，内部团结也会大大增加，一切分裂的因素都会得到遏制。信息分享会促进创造力的发展，将整个组织提升到一个较高的层面上。人们随时都可以看到成绩，而且成绩也会得到相应的评价。这种积极主动共同努力的氛围会提高员工的团结，最终产生一种“我的孩子”的效应，人们当然不会不顾自己的孩子。

公司领导层通过简单浏览网页就会发现自己的不足，即使真相有时让人很不舒服。他们也得到了一把标尺，了解作为一个整体的公司是什么样子的，哪里出了问题。他们还得到了众人的智慧，可以在更坚实的基础上进行决策。他们可以快速地开启调查程序并进行表决，这样就可以逐步缩减领导个人感受与企业实际情况之间的距离。没有人能够依赖谣言生存，所有信息都经过过滤后传递到领导那里，即使这种过滤还是包含着一些企图。

08
加强对客户的关注

“我不关心这些咖啡豆需要几个人签字，让我生气的是整个事情拖了一个多星期，而别人两天就办完了。”客户这种愤怒而无助的抱怨每天都在发生。如果人们看看汤姆·柯尼希（Tom König）在明镜在线专栏中描绘的情景，上面的抱怨简直不值一提。员工被禁锢在制度的枷锁之中，即使他们想要帮助客户解决问题，也是心有余而力不足。近几年，互联网上充斥着这样的事件。经理们为什么不去看看呢?

企业高层对新一代客户的利益不闻不问，他们的确认为这是很遥远的事情。他们看待自己的观点与别人看他们的观点反差巨大，就像月亮的光明面和黑暗面。贝恩咨询公司（Bain & Company）的调查显示，80%的受访公司认为自己提供了优质的客户服务，而只有8%的客户对此表示赞同。

公司的各个领域都存在一厢情愿、自我高估以及管理层对现实错误估计的情况，管理层与员工的关系也不例外：

- 根据 Rochus Mummert Consultant 的一项调查，63%的受访企业

老板认为自己道德高尚，并且受到员工的尊敬；而只有 16%的员工这么认为。

● 2011 年的达石调查（Stepstone-Untersuchung）显示，94%的受访人力资源经理认为员工将公司看作雇主；而只有 45%的员工这么认为。

● 危机管理与领导交流研究所（IKuF）的调查显示，70%的受访经理认为自己有能力进行适当或者有建设性的意见反馈，他们对自己的评价很高；而只有 45%的员工有着相同看法。

● 很多老板认为自己的员工很幸福，而实际情况并非他们想象的那样。如果用 0 到 10 来表示他们的幸福指数，老板的估计是 7.2；而员工自己给出的数值是 5.1。这一数据来自 2012 年的达石调查。

幸福指数调查的核心结果显示，如果人们面对自己的直接领导，他们的幸福感就会降低。如果人们的成绩受到限制，他们的幸福感也会下降，因为人们无法表现出自己的最佳状态。本书还会在后面介绍很多改变这种现状的方法，但我们还是先要回到客户的话题。

“你的公司真的将客户放在第一位吗?”我很喜欢问这个问题。所有人都会频频点头表示同意，但是一些小事情显示出实际情况并非如此。

● 营销演示的前半个小时是这样的：我们是……我们能够……我们想要……我们提供……换句话说，我先在这里说一下，我们非常出色。最后一页终于出现了：这个品牌已有的客户关系。看吧，客户是排在最后的。

● 那么生产企业的公共区域呢？完全是自我表现：机器部件、微缩的生产厂区、航拍图、创始人画像、证书和奖杯。墙上挂着一张巨幅地图，上面用小红旗标记公司扩张的地域范围，但是找不到客户的一点影子。

● 很多企业网站的第一项内容都是“关于我们”。传递出来的信息就是“你们仔细听我们说，然后就不要再问了”。很多时候，寻找联系方式就像在复活节找彩蛋一样困难。看来很多公司根本就不想和客户打交道，因为它们认为这就是在浪费钱!

“一家具有未来竞争力的企业不会将注意力和精力集中在企业内部的计划、政策、协商和内部的效益展示上，而更多的是集中在市场、竞争和客户上。”管理咨询师尼尔斯·帕弗雷根这样总结，并且使用了β组织这一概念。是的，一家企业最紧缺的资源不是资本，而是在思维和行动上关注客户的领导者，因为只有老板关注客户，员工才会上行下效。客户第一！这应该成为战斗的口号。客户占第一位，这在理论上没有问题，但是实际上呢？老板们需要更频繁地与客户打交道……

> 一家企业最紧缺的资源是在思维和行动上关注客户的领导者。

领导层接近客户

经理们可以向客户学习很多东西，但是很难在办公桌上做到这一点。你需要深入消费者五花八门的声音之中，逃离内部的屏蔽体系，避开空话连篇的文件，以及那些只有少数人参加的高层酒会。你需要亲身进行实地调研。如果客户可以向你反映真实想法，那么这将比市场调研机构出具的任何一份枯燥的影响力报告都更有说服力。反正这些影响力报告都是废话连篇，只会提供一些无关痛痒的平均数值。我们更应该关注那些偏差值，因为正是从这些数值中才能得到最有用的信息：哪些部门运转良好，哪些地方出了问题。因此，正是那些“难缠的”客户推动着公司业绩的提升，因为客户反映问题最多的地方往往隐藏着最高的利润。

一旦涉及与客户的充分交流，很多经理的接触恐惧从何而来呢？我认识一些公司领导层的人，他们很高兴在晋升之后“终于不用每天和那些蠢货扯皮了”。在他们看来，重新和客户打交道是职业生涯中的一种倒退！大部分员工从没有和客户联系过。我也认识一些营销经理，他们宁愿夸夸其谈地定义自己的目标群体，也不愿意亲自和客户交谈。还有一些销售经理本质上就是管理者，他们从未亲自进行销售，从来都是绕道不去客服中心，他们害怕接到客户的电话。然而也有一些老板，他们每天都会去客服中心看看，亲自接听客户电话，这样的老板可以为员工树立一种关注客户的榜样。

顶层经理人始终得不到坦率诚实的反馈意见。我也许知道该怎么办：真人秀《卧底老板》[①]（Undercover Boss）或许让你可以就有机会识破员工的献媚，真实地感受自己的公司。马尔库斯·斯莫拉是贝斯特韦斯特酒店的经理，他挑战了这一摄像机前的实验，他对我解释说："为了使员工的工作更简单，顾客的生活更舒适，我想知道服务流程和工作环境的哪些地方可以进行优化。而且这也的确是有可能做到的，因为一切拍摄都是真实的，没有任何策划的成分。"是的，为了迅速应对市场的瞬息万变，老板们必须亲身体验客户真正的需求。

然而当真相大白的时候，员工们如何看待这样一位"卧底老板"呢？有这样一篇采访，采访对象是低温冷冻品送货商 Eismann 公司的地区销售经理扬·奇尔斯科，我在这里简略复述如下：

"当你得知利克·麦斯纳其实是你的老板米卡·拉姆时，你最先想到了什么？"

"当我意识到二者之间的联系时，我的脑子里突然涌出很多事情。人们不可避免会把整件事情在脑海中重新演一遍。"

"你就从来没想过他会是你的老板？"

"作为一个外行，人们在摄像机前将全部注意力都集中在自己身上，根本没有时间去怀疑这些事情。"

"卧底行动曝光之后，你有没有觉得自己被监视了？"

---

① 一档风靡欧美的真人秀节目。企业经理人化名来到普通员工之中，与他们一起工作。节目组以拍摄企业日常工作的名义，记录下这一"卧底"过程。

“绝对没有这种感觉，如果人们整天都待在摄像机前面，那人们就应该很清楚，这些视频迟早会在电视上播放。”

外部众包：将客户当作共同创新者

并非所有的聪明人都在你的公司工作，所以最好能够找出一些聪明人帮助创新，而且不用立刻给他们发工资。客户就是优秀的专家！他们中间隐藏着迄今几乎未被开发的创新潜力。领先的企业早就开始让客户积极地融入价值创造的各个阶段。对于一些人来说，这只是市场营销的噱头，而其他人已经意识到，客户的融合切实地改善了企业：失败比例下降，并且带来了更大的成功。客户们越是紧密地参与产品革新，他们就会越喜爱这些产品，而且毫不吝惜自己的溢美之词。市场研究者早就发现了这一效应：如果公司向民众表示对他们的意见感兴趣，那么民众对公司的态度就会向积极的方面发展。

因此必须使公司的各个部门都接受这种外部众包（externes crowdsourcing）的思维，即借力“客户的智慧”。但是客户会不会有被利用的感觉呢？不会的，就现在的状况来看不会出现这种情况。人们非常愿意提供帮助。公关顾问公司爱德曼在品牌分享研究中发现，87％的德国消费者希望可以与品牌更紧密联系。比起被动地观看，积极参与可以带来更多乐趣。例如，Joey 比萨在脸书（Facebook）网页上发起了共同创意的活动，网友们借助配置程序共设计了 8 500 个配方。8 种创意进入了生产阶段。每卖出一份比萨，创意者会获得 5 分钱的奖励。最后的获胜者安妮雅得到了 2 770 欧元的奖励。

> 客户中间隐藏着迄今几乎未被开发的创新潜力。

为了鼓励客户参与公司未来走向的决策，每家公司都可以利用这种方式找到适合自己的结合点。这条创新之路不会因为任何人而停止。美国国家航空航天局向全世界发出求助的呼吁。他们想要对比生活在地球和太空中的人在身体方面发生的变化，为此他们选择了一对单卵双胞胎宇航员兄弟斯科特·凯利和马克·凯利。其中一个人在太空站生活 365 天，另一个生活在地球上。两个人需要同时接受心理测验和身体耐力测试。这一对比实验可以从无数角度入手，因此美国国家航空航天局呼吁公众为这一实验献计献策。

人们当然也可以构建自己的创新平台，其中走在前列的当属 MyStarbucksIdea. com。“你比任何人都清楚怎样的星巴克才适合你。所以，告诉我们你的星巴克想法。不管是颠覆的还是简单的，我们都愿意倾听。”咖啡连锁供应商星巴克就是用这段话邀请客户来出主意。迄今为止星巴克共收到了 15 万份创意想法。例如，在客户建议之前，星巴克从没想到将豆浆纳入饮品单。还有一个顾客建议用咖啡来冻冰块，这样冰咖啡就不会变淡。

外部众包不仅可以搞定冰块这种小问题，也能解决黄金开采这样的大问题。“金矿投资人罗布·麦克尤恩遇到问题了。”特里斯坦·霍克斯在 2012 年爱丁堡的全球科技娱乐设计大会的报告中提到，“他的地质学家在新开发的金矿中找不到黄金。他预感到，现在需要一种全新的解决办法。所以他在互联网上公布了他掌握的所有地质资料，并且发布高额悬赏。来自不同行业和专业的上百人开始了寻宝之旅。电脑制图员设计了三维金矿图，并进行虚拟开采，这一模式与地质学家的专业知识相结合，使开采工作取得了突破”。如果企业启动这种众包活动为新产品收集客户意见，那么任何一个竞争对手自然也能看到这些公众建议。“但是他们看不到公司怎样对这些信息进行评估与整合，公司设计了哪些筛选程序对建议进行处理，他们也不知道哪些意见具有可行性。”不来梅哈芬应用技术大学的企业经济学教授海克·吉默特在《电脑周刊》(*Computerwoche*) 的专访中这样解释。

此外，你还可以在 www. touchpoint-management. de 下载关于众包和合作创意的免费电子书，其中包含大量案例。如果你遇到了难题，不妨将棘手的问题交给全世界，人们将这种方式称为开放式创新。人们可以在 brainr. de，atizo. net 或者 brainfloor. com 等网站上参与开放式的头脑风暴。全球性的创新平台 InnoCentive 汇集了来自近 200 个国家的 30 多万名注册用户，他们用自己的思想提供创新的帮助。你如果采取这种方式，就会得到来自世界各地思维活跃的群体智慧。现在人们再也无法回到实验室，沉迷于自己的天才进行发明创造了，因为最有价值的想法不是产生在重重保护的企业内部，而是来自组织边缘和广阔的外部世界。

新职业：触点经理人

现在的企业都是由外向内进行构建，也就是从客户开始，构建的方针是由外向内，而不是由内向外。决定性的推动力来自外部，决定公司成败的不是预设的商业企划案，而是在触点上发生的事情。因此，公司不仅需要推行内部和外部的触点管理方式，也需要触点经理人。

触点经理人的核心任务就是在公司的外部触点全面地关注客户的需要。这一职位既要从战略上进行考虑，又要具有执行能力。基本原则就是要将整个企业转变为一个真正关注客户需要的组织。因此首先必须清除那些存在于各个部门的客户服务，因为这些服务既不同步，也缺乏协调性。然后再引入一套完整同步的价值创造体系，这样就可以持续地关注客户的需求。就这一点来说，触点经理人区别于客户体验经理，因为后者主要负责逐点改善客户体验。

> 触点经理人的核心任务就是在公司的外部触点全面地关注客户的需要。

触点经理人应该是客户事务的起点和最高点。他们熟知公司内部和外部与客户相关的发展动态。他们永远站在客户的立场，即使这一立场让人不舒服他们也要坚持下去。如果是与客户相关的决定，触点经理人应该最先了解情况并且有权做最后的决定，而且还要有否决权。他们全身心地为客户的利益服务，并且为之进行协调。他们也要确保各部门之间结束封闭的筒仓思维，至少是在涉及客户利益的时候。

从组织结构来看，触点经理人是所有触点的枢纽和中转站。他们并不是边缘人物，而是处于公司的核心位置。每个部门在核心工作以外都与客户打交道，因此触点经理人与各个部门进行跨职能的紧密合作。他们需要领导层的绝对支持，因为他们不可能一路顺畅，也不会始终得到朋友的支持；因为作为客户利益的代理人，触点经理人必然要触及弊端。他们的内部代表就是中层经理。为了完成任务，他们首先要争取这些人的支持，有了他们的帮助以及所有员工的投入，触点经理人就构建完成了触点混合体的必要形式。

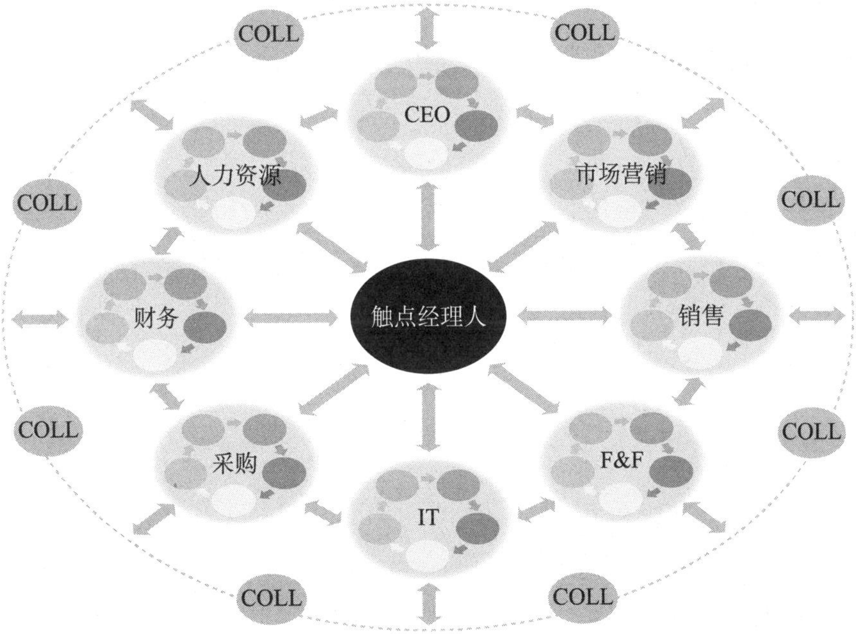

图 6 触点经理是客户利益的代理人，他与公司的各个部门以及公司外部相联系

因此触点管理就可能成为企业文化转变中具有决定意义的推动力：促成网络化的形成，并且直达现在与未来的客户。

在中小企业中，触点经理人担任跨部门的职务，直接对经理负责。大公司则需要在董事会中设立一个新职位：首席触点经理（Chief Touchpoint Officer，CTO）。市场营销部门本应该负责制定针对市场的整体策略，但现在已经逐渐降级为广告投放机和信息汇集器，首席触点经理则可以填补这部分空白。这就意味着触点管理将代替市场营销，以客户为导向的理念将得到保障。

触点管理代替市场营销，以客户为导向的理念将得到保障。

实际工作中的触点经理人

现在轮到让人兴奋的问题了：触点经理人出现了吗？回答是肯定的，已经出现，但数量并不多。卡塔琳娜·比尔勒就是其中之一。她领导巴塞尔保险公司的触点管理，而且是董事会的成员。巴塞尔保险集团是瑞士第四大保险公司，在全欧洲拥有 9 000 名员工，其中 3 500 人在巴塞尔的总部工作。集团自 2010 年起推行触点管理体制，成立了一个由五人组成的部门，与公司各个部门的 40 名信息协调员进行合作，负责优化客户服务。倡导者比尔勒有 25 年的销售经验，能深刻体会客户的痛苦经历，她对我说："我们必须有意识地打破等级制度和筒仓思维。"客户想要对我们说什么？这就是她行动的出发点。公司建立并引入了一系列方法，将客户的视角引入公司管理，实现企业文化的转变，并且建立起系统化的触点管理机制。

位于腓特烈港的中型软件公司 DoubleSlash 也有一位触点经理人——亚历山大·施特罗布尔。他的任务是什么？"我一方面对我们的客户进行触点分析，另一方面与公司经理进行协调，为销售和市场营销部门的同事提供支持。我这个角色不属于组织结构图中的具体工作岗位，而是以项目的形式帮助各个部门制定以客户为导向的措施。原则上，我的工作仅限于分析和组织，具体实施由各个部门完成。"

我问他设立这个职位的原因是什么。“我们也在与不断增加的潜在触点和通道进行较量，这些都需要维护与经营。对于我们来说，重要的是发现那些值得投资的触点，有目的地使用预算。……自身经营的盲目性是需要清除的最大障碍。触点经理人的核心任务就是在各个部门之间搭建桥梁。”

这时我不禁想起另一个问题：有内部触点经理人吗？也就是明确负责组织内部员工的触点经理人，他们使员工们保持最佳表现。现在还没有，但愿以后会出现。“员工应该对我们作何评价？”考虑到逐渐转变的员工卖方市场，这个问题正是一个颇具价值的出发点。我们会在CT-MP®的第三步详细地探讨这个新职业。

有一点是毫无疑问的：企业、员工和客户之间的联系越来越紧密。他们结成一个互动的网络。任何事情都不能破坏这种三角关系。

Das
Touchpoint
Unternehmen
Mitarbeiterführung in unserer neuen
Businesswelt

2

第二部分

互联网+时代的新型领导与员工

09

神奇的“新”员工

企业需要员工勇往直前、积极主动、关注客户、忠诚热情、与公司共同思考，当然他们也应该是幸福的。企业有了这样的员工就能取得巨大的成绩。他们不仅更有责任心，也更让人信服，同时也更值得信赖，更有创造力。这样的员工就是公司在市场上的金字招牌，可以在同类产品的竞争中脱颖而出。公司最大的成功潜力就蕴藏在这些热爱工作和客户的员工之中。他们是企业中真正的英雄。

企业需要寻找这样的员工，找到他们并尽一切可能留住他们。除了企业的吸引力之外，适合各种不同类型员工的领导文化也是决定性的因素。因此现在必须强调引导，弱化管理。经理（manager）这个名词本身已经给我们提供了这一角色所需才能的反面教材：他们了解太多的管理（manage），而对引导知道得（太）少。鉴于工作环境日益数字化和虚拟化的现实，这种两难的境地可能还会加剧。然而，人们对这一问题已有了足够认识吗？理论上是肯定的，而实际中还远远不够，但至少

员工不希望被管理，客户也是一样。

可以寄希望于未来。

联邦人力资源经理联合会在 2014/2015 年度的“人力资源趋势研究”中指出了近几年员工关注的主题。以下几类是最热门的：

- 增强领导力（55.4％）
- 掌控变化（48.8％）
- 出现专业人才短缺（44.6％）
- 增强员工对企业的责任感（44.0％）

接下来我们就来研究一下这些主题，但是根据“由外向内、自下而上”的原则，我们先说说客户，然后再按以下逻辑顺序谈一谈员工。

- 首先，我想解释一下现在员工的角色，然后再思考这一全新的、数字化员工的类型。
- 随后会解释为什么员工的忠诚度比义务更重要，为什么忠诚度在今天变得这么重要，如何获得忠诚度。
- 紧接着会提出一个问题，如何能够保证员工长期具有责任心，因为这样就不需要反复雇用新员工。
- 然后是作为信息员的员工，怎样帮助企业找到新的优秀员工。
- 最后是就业市场现在和未来的变化，这些变化要求哪种类型的新的领导知识，以及需要什么样的领导类型。

那么，我们现在就开始吧！

你的员工也是“保时捷”吗？

在实现共同的公司目标的道路上，一半的员工还在黑暗中摸索，三分之一的人只有模糊的认识，只有 20％的人会定期参与交流，这些数据来自 2013 年的职位广告调查。员工如何在这样的状况下与公司同思考、共行动、共创公司的美好未来？他们最后应该如何满足客户的需求？尤其是现在客户的期望比以往任何时候都高！公司必须牢牢把握住每一个触点。

> 现在的员工应该具备以下技能：
> - 技术过硬（专业人员和专家）
> - 主动、负责（态度端正）
> - 理解他人
> - 激励客户
> - 为公司传递信息（包括对内对外）

以上是对每一位员工的要求，无论是直接与客户打交道的，还是与客户“只有”间接联系的，也不管是生产一线的工人，还是会计、司机：人们总会在公司以外见面。每一位客户都可以通过社交网络与积极的员工建立在线的直接联系。无论是在网络上还是现实中，即使只有一位员工表现得不友好或者不专业，那么这种印象也会转移到公司方面。即使只有这一点纰漏，客户也会将责任归咎为“这家企业经营不善”。

为了确保安全，人们需要关注以下三点：首先要了解公司的想法，其次是专家的意见，第三点是情感独特的销售主张（emotional unique selling proposition，eUSP），这种情感独特的销售主张是一种公司品牌所代表的情感化独占地位。这种主张不仅牢牢地扎根于产品之中，也表现在员工的一言一行中。如果客户在某一个触点与品牌进行“接触”，他们也会准确地感受到这种主张。我们以保时捷为例，这个品牌所代表的赛车的卓越性能是怎样形成的？

> 公司品牌需要一种eUSP，这是一种情感化的独占地位。

举一个小例子，这是我的同事安妮雅·福斯特和彼得·克罗伊茨在《足迹代替尘埃》（*Spuren statt Staub*）一书中讲述的：我们在位于莱比锡的保时捷公司的休息室，当时的氛围非常好，建筑设计也超级棒。商务精英们不断走进来，他们在活动开始前点了一杯起泡酒。周围的一切都让人感到轻松，只有晃动不稳的桌子让人感到不便。正好有一名保时捷的员工走过来，我们向他要一个啤酒瓶盖用来垫桌腿。他大约半分钟后回来，跪在我们面前用内六角螺丝刀调整桌子腿，他不时地抬头观察桌上的一杯酒，借以校准桌面是否水平。直到桌子不再晃动，桌面完全水平，他才满意地站起来。“哇哦！非常感谢!”我们向他表示谢意。这个年轻人静静地看了我们片刻，只说了一句话：“在保时捷公司我们不用啤酒瓶盖工作。”实际上，这一刻是无法用金钱衡量的。

你的员工怎样为品牌做贡献？

你的员工在何时、何地、以何种方式制造过这样的魅力时刻？

这里有几个基本前提：

(1) 你拥有 eUSP，一种情感化的独占地位。

(2) 你的员工很清楚这种地位，而且了解品牌。

(3) 你让员工有机会为品牌精神做出贡献。

五星级连锁酒店丽思卡尔顿也是一个极具示范性的例子。创造“Wow 时刻”是酒店的计划。来自维也纳丽思卡尔顿酒店的西尔维娅·卡勒对我说：“全球 77 家酒店所有员工的任务都是找准机会，让服务超出客人的期望。最有利的机会就是当客人出现麻烦，而麻烦又不是我们的服务造成的，因为我们的服务是高水平的，这是毫无疑问的。”这样做的主要目的就是给客人惊喜，为他们创造终生难忘的经历，这样他们就会永远忠于这个品牌；其次是让他们口口相传。

在佛罗里达阿米利亚岛的丽思卡尔顿酒店发生过这样一个故事，并通过社交网络广为传播。一个小孩把心爱的毛绒布玩具——一只名叫乔西的长颈鹿弄丢了。这个玩具不知怎么出现在酒店的洗衣房。几天后，这只长颈鹿通过快递完好无损地回到了主人家，还附有一本可爱的相册。这是多大的惊喜啊！这本相册记录了这只小长颈鹿的意外之旅：乔西戴着太阳镜在游泳池边的躺椅上享受阳光；乔西在 Spa 享受按摩服务；乔西和酒店的鹦鹉阿米利亚玩耍；乔西驾驶高尔夫球车；乔西参加了酒店的工作。花费不多，却是了不起的想法，酒店员工不仅送给小客人一个惊喜，也带给这个家庭一次独特的经历，他们自己也一定非常开心。

让一切成为习惯的仪式

在丽思卡尔顿酒店，讲述一个“Wow 故事”是员工每天工作的开始。全球的 4 万名员工就是通过这种形式了解了那些以特殊方式为酒店做出贡献的员工。每家酒店每周必须向总部报告一个这样的故事，最好的故事会在全球范围内广泛传播。故事的累积产生了一种特殊的精神——一种特有的热情好客，这种精神使丽思卡尔顿酒店声名远扬。当人们走进它的任何一家酒店，立刻就会感受到这种精神。但这还不够。如果真的发生了一些靠个人能力无法解决的问题，每位员工可以不用事先询问就为客人支付2 000美元，帮助客人解决困难。但是人们看到，员工会非常聪明地处理这一责任，他们首先会尽力阻止这种严重情况的发生。

> 你需要将必要的资金支持和对结果的责任一起交给员工！

只有将员工从规矩束缚中解放出来，只有人们相信创造性想法的巨大威力，这种事情才会发生。还有一点很重要，对结果所担负的责任与对资金的使用是一致的。为了使这一切传承下去，最好还有一种增强效果的仪式：不断分享最好的故事，广泛传播最伟大的成功。

经济学家安东内拉 • 梅-波奇特勒认为：“品牌营销最重要的方式就是通过自己的员工进行。”如果你已经创造了这一基础，那么就可以确定有多少员工与客户有直接联系。现在只需要将这一数字翻一番，激励客户让他们忠于品牌并积极宣传的机会也将会增加一倍。

虚拟与现实：距离客户很近

真正使用关注客户需求的办法解决问题的人会抛弃以自我中心的视角，深深扎根于客户的世界。他会问客户：“您最棘手的问题是什么？您有什么梦想？”他也会自问：“我们能给这位客户提供哪些特殊的解决办法？我们在哪些方面比其他人有更深的领会？”目的是准备不同的服务，以最佳方式为客户解决问题。如果你能以这种方式为客户解决问题，那么你就是一位有价值的合作伙伴，而不是一个可有可无的供货商，这种销售方式会增强客户的忠诚度，促使他们为你进行宣传。

我们在这里仔细考虑一下，人们如何与客户一道更好地构建触点互动、简化生活、增加获益，或者如何在情感上打动他们，让他们感到轻松舒适，不断得到新的惊喜。对很多人来说，最大的奢侈不是金钱，而是轻松和愉快、安全与保证、宁静、自由与幸福。客户会为理解这些需要的公司买单。

客户怎样认识员工

想要了解客户必须先要见到客户。那么公司就要计划一下，怎么让自己的员工认识客户。比如说，可以将工厂领导、技术员和工程师派到客户那里，或者让他们在那里与客户一起工作。客户也可以来公司的研发实验室参观，提出自己的想法。公司还可以举办丰盛的早餐会，让销售和客服中心的员工与生产、人力资源和管理部门的员工定期见面，针对客户情况交流意见，共同优化客户服务。

在那些与客户没有直接联系的部门中，也可以考虑增强客户的存在感。例如，可以在员工工作区的屏幕上播放客户在网络上提出的意见，也可以邀请客户来讲故事，然后让员工们观看这些视频。图像带给人们的不仅是事件的名称，还有具体的影像。所有这些都比老板每天陈词滥调的激励说教更可信。员工的工作有什么影响？客户对他们如何评价？客户的话语都是最鲜活的证据。这些鼓励极具感染力，可以激励员工不断创造新的英雄事迹。另外，员工可以从每一条客户建议中了解哪些做法可以继续，哪些应该停止。

2013 年夏天，香肠生产商 Rügenwalder Mühle 组织了一次全明星之旅，向我们展示了如何以有趣的方式将品牌、员工和客户结合在一起。公司的 10 名员工历时六个星期穿越德国，与粉丝们进行了趣味竞赛，例如香肠汤里的小船、油煎肉饼相扑或者火腿香肠旋转。整个活动与社交媒体互动相结合，公司为此投入巨额资金。

员工事先在训练营中“经过严格训练”，非常清楚自己的任务。我问来自生产部门的员工内夫扎特：“你觉得与客户的直接联系怎么样?”“我觉得与客户的联系很好。他们问了很多关于公司的问题，我们作为员工可以直接给出答复。这让我觉得很开心。”

我问内勤人员丹妮埃拉：“通过这个活动客户可以真实地接触一个品牌的员工，否则他们就只能在电视或者超市冷藏架上看到这个品牌，客户对此有什么感受?”“有些人觉得很棒，这些人对我们说，你们的确在Rügenwalder Mühle工作，我们也知道了你们工作的内容。另一些人却说：‘你们被卖了。’但是我们可以让这些人信服。”我问了另一个问题：“这能帮助你们提高产品的质量吗?”人力资源部门的纳丁解释说：“我认为，我们产品的质量已经很好了，很难再提高质量。但是我会转达这些建议。”

关于网络空间的客户交流

不仅公司会在互联网上发表意见，客户和自己的员工也会参加讨论。在公司网页上就已经开始了：员工们讲述他们如何处理客户的要求；客户谈论合作如何顺利完成；向新员工解释公司情况以及职位要求的并不是人事部门，而是在职的员工；解释包装流程和全程无缝隙运输服务的不是专业的发言人，而是来自发货部门的专业人员；企业日常运转的有趣新闻也不是通过媒体部门发布，而是通过企业内部培训生的博客对外宣传。

如果有人在社交网络询问某一种机器的功能，设计团队的成员直接就可以在评论栏中给出答复；如果涉及生产领域，那么员工可以在装配作业线通过视频直接做出回答；如果顾客想要了解产品的化学成分，那么就轮到实验室的专业人员回答了。不用担心！年轻人从小掌握使用网络语言表达的能力。社交媒体经理人可以为想要参与的其他人传授一些必要的知识，我们还会在后面详细介绍这一职位。社交媒体经理人如何找到自愿参加的人呢？可以首先呼吁大家参与，然后进行相应的角色分配。人们通过大量的电视选秀节目已经非常熟悉这种选拔程序了，参与者也乐在其中。

借助社交媒体进行一对一交流有很多优势。很多直接或间接参与的员工都从中得到了提高，他们的自尊心、动力、积极性和忠诚度也得以增强。如果一个人可以用这种方式“正式地”为公司说话，那么他就不会在背后搞破坏。此外，每一个以这种方式与公司相联系的员工也向公司贡献了自己的个性。每个公司都有一些“奇葩”，他们能让人会心一笑，也能让人目瞪口呆，他们比任何印刷精美的宣传册都更有说服力。

因此，让你的公司变得更开放、更友好、更人性化、更值得信任吧！这不仅会增强你在公众和（潜在）客户中的声望，也会提升雇主品牌价值，此外还会提高公司在搜索引擎中的排名和企业网页的点击率。这时，全世界会发现：一家毫无创造力的无名企业变成了一个生机勃勃的集体，员工都是真诚可靠的人，人们可以和他们愉快地交谈。这样的变化很好，因为客户是和人做生意，而不是和公司打交道。

员工不是数据包裹

- “好吧，我完全不能理解人们怎么会有这么荒唐的想法。”
- “我绝对不会喜欢这些东西。”
- “这不是你这种表现的理由。”

老板们在谈到自己的员工时会做出这样或者类似的评价。

的确，我们所有人都一厢情愿地相信其他人和我们看待世界的方式应该是相同的，而我们会非常惊奇地发现，其他人的观点可能和我们完全不同。所有个体都是有差异的。和长相一样，每个人的大脑结构都是不同的，因此人们都是以自己的方式思考、行动和做决定。所以员工和你的想法常常完全相悖，这很正常，甚至是一次丰富、拓展的机会。差异性扩展丰富了眼界，使一个团队更专业，并促进新思想的产生。

每个个体都存在差异

每个人自身的特点是如何形成的呢？一部分源于教育，另一部分则受社会文化影响。还有一些特点是个人的性格使然。大脑运转的原则是“要么使用，要么失去”。经常想或做的事情会作用于我们优先选取的大脑“路径”，人的习惯由此产生。最后还有基因的因素，这似乎是主要原因。有些人将每一件“新情况”看作预兆，还有一些人看不到机会，只看到危险。这些基本观点在本质上受神经的指挥，是人类几百万年演化形成的结果。

此外，大脑结构会随着生活的改变而发生变化。随着年龄的不断增长，活跃的多巴胺的数量逐渐减少，而应激激素皮质醇的数量却大幅增加。这一切会使人们更加小心谨慎，循规蹈矩，形成一种沉稳与老成的性格。

两性之间也存在区别，例如，雌性激素会强化关心和责任的模块，而雄性激素则更强调占领与征服。这一点也说明了企业领导层的构成，为什么女性很少会担任领导职务。这也引出了另一个问题：性别领导。这里并不指男性和女性的领导方式的区别，而是指如何领导男性和女性员工，二者之间存在明显区别。然而，人们至今几乎没有仔细研究过这些差别。我在《触点》（*Touchpoints*）这本书中阐释了我对这些差别的想法。

关于人以及数据包裹

近几年来，经济界接受了很多分析型的性格结构模式。在现代大脑研究的基础上，神经心理学家汉斯-格奥尔格·豪瑟尔发现了“边缘系统”。科学家西尔维娅·吕肯使我们进一步了解了外向性格、内向性格和中性性格。市场研究者为不同类型的人进行分组，用最新的方式为他们下定义，这种做法使群体拥有至高无上的地位。位于克尔克海姆的未来研究所在《趋势更新》（*Trend-Update*）这本书中按照工作风格将人分为有抱负的人、有创造性的慢节奏工作者、中产阶级、数字化的文艺人、中间阶层和边缘群体。

相关的领导管理文献介绍了大量类型，人们可以据此对员工进行分类。我们对那些人与动物的对比还可以会心一笑，但其他的措辞就有待商榷了。除了那些有成绩的员工以外，经常会出现以下形容员工的概念：隐瞒者、误入歧途者、居民、犯人、随大流者、雇佣兵、叛徒、恐怖分子、破坏分子。这些概念不仅侮辱人格，也非常危险。人们应该更谨慎地措辞，因为词语创造思想，思想产生行为。

> 词语创造思想，思想产生行为。

某些企业只是将员工看作数据包裹，他们被“叫做”：FXRES-SHM-SAL-R3-BER 或者 MC-CEB-CUC-RCCCH-ODM-1。还有一些公司把员工叫做属下、小家畜或者人力资本，这种做法完全剥夺了人的尊严！一些临时性用人企业甚至轻蔑地叫他们租赁人。一位不愿透露姓名的部门经理告诉我，他的老板在会议上把这些部门经理叫做“不长眼睛的虫子”。“这么愚蠢的事情我已经很久没听过了！我坐在一群傻瓜中间！”另一个人咆哮道。“我必须和这些饭桶打交道。”还有一个人在董事会上抱怨道。

> 人们应该提高自己的行为修养，为自己赢得关注、认可和尊重。

这就是懦弱老板的反应，他们担心自己的地位，为了不让别人看出自己的狭隘，他们必须贬低训斥其他人。将自己的员工贬低得一文不值的人不可能是伟大的人！不会赞美的人也不可能在自己的领域做出值得赞美的成绩。很明显，人们应该提高自己的行为修养，为自己赢得关注、认可和尊重。

10

互联网+时代的员工类型

我希望在这里引入一种基于员工行为的新的分类方法（见图 7），这样可以避免过分强调心理学的价值，以及与此相关的一切风险。这种分类方法关注的是不断发展的数字化进程和新的工作形式，所以对新商业时代的领导管理至关重要。

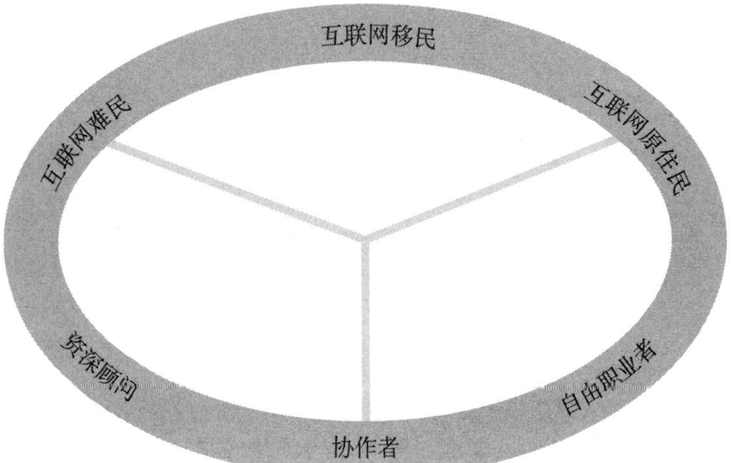

图 7　互联网+时代的员工类型——关注数字化以及新的合作形式

三种基本类型：

- 互联网原住民
- 互联网难民
- 协作者

其中还伴随着三个中间阶段：

- 互联网移民
- （年轻的）自由职业者
- 资深顾问

不管公司的规模大小以及所处的行业如何，各种组织及其领导在现在和未来都将更加紧密地与这些类型的人进行交流。从这个角度来看，有必要了解一下这些类型的员工，以便在合作中占据优势。

新生力量：互联网原住民

“我对这里很满意，但我还是会定期考察一下就业市场。我也收到了高工资的职位邀请，但我还是会暂时留在这里，因为我在这里可以学到更多的东西。”当我在一家软件公司遇到 26 岁的扬时，他这样对我说。有个性的互联网原住民始终在寻找新的职业机会，他们也不断地收到职位邀请。然而，他们非常挑剔，他们优先考虑的不是高薪酬，而是发展空间、个人自由和自组织。预先设定好的职业道路对他们没有吸引力。

“一辈子待在一家公司？这太没劲了。”我 24 岁的侄子亚历山大对我说道。他出生在德国的兰茨贝格，英国高中毕业后在美国佛罗里达州的迪士尼工作了一年，后来在维也纳读大学，现在正在秘鲁实习。琳达·格拉顿在一篇文章中这样描述：“Y 一代是真正实现网络化、全球化的第一代人，他们对文化差异有着深层次的理解。这使他们更容易设身处地地考虑问题，在更广阔的层面上发展人与人之间的团结互助。”

Y 一代喜欢不断变换职位，他们在这些工作中可以完全按照直觉检验工作与数字化应用的关系。未来学家霍斯特·奥帕斯沃斯基说：“对他们来说，幸福比富有更重要。”学习—创造—生活，这就是他们的价值世界。他们对一切都保持开放的心态，渴求知识，愿意听取别人的意见。他们有意识地自我“销售”，甚至有些自命不凡。他们学会在脸书网进行良好的自我展示。协作的自组织是他们的方式，自我优化是他们的目标。

“意义、乐趣、持续发展和继续教育等问题有着更重要的意义。人们要求工作丰富多彩，员工可以参与决策，工作不能无聊，他们可以融入公司，并且感受到振奋。”Gordelik 咨询公司的首席执行官埃里斯·高德里克在接受专业杂志采访时做出上述解释。“这些年轻人懒惰愚蠢吗？您怎么看？”这位著名的人力资源顾问回答说：“我并不觉得这一代人想要少做事情，我反倒认为公司必须为这些年轻的专业人士提供更多帮助。”

他们为什么会这样

对于有能力的互联网原住民来说，重要的是刺激的任务、实验性的自由空间和不断丰富的经验，而不是手底下有多少员工。等级制的公司形式和领导责任对他们没有吸引力，权威理所当然会受到质疑，传统的地位和权力的象征也没有什么意义。有价值的并不是开着豪华商务车的人，而是通过自己的努力使社区得以丰富拓展的人。贡献最有价值信息的人会受到大多数人的尊敬，重新成为这些网络的核心。在网络世界中，受到很多人推崇的那些人有着很大的影响力。“权威”需要自己去争取，而不是靠上层任命。

千禧一代已经习惯了信息公开，所有人都可以分享信息。他们不了解那些经过筒仓过滤和筛选的统治信息。互联网原住民如果需要信息，或者为了开始新任务需要构建知识体系，他们不会去问领导，而是会去网上检索，因为始终处于网络中的人自然会在网络上寻找需要的信息。如果人们始终将浏览和网络检索看作一种消遣，那么他们就会迅速地找到需要的东西。他们不会等待老板的接待，也不会等着老板在各种会议之间抽出几分钟时间来为他们解答问题。

命令与控制对互联网原住民没有吸引力。

数字化生活的复杂性不断增加，这消耗了人们大量的时间。在这种情况下，私人时间就成了宝贵的资源，员工是不会轻易地将其贡献给公司的。MyLife.com 的网站调查显示，大约 56%的社交网络用户都患有“错失恐惧综合征”。患上这种综合征的人总会担心错过一些重要的事情，害怕失去联系或者跟不上某一事件的最新进展。Y 一代的大脑都是以简短和快速的方式进行工作。他们喜欢以小单位进行学习。他们的工作风格是流动的，也就是说，他们喜欢从一个工作跳到另一个工作，前一个任务还没有完成，下一个就已经开始了。只有大家都使用速记符号，大部分工作才能完成。“Tl，dr”就是一个例子，意思是“太长，没读”，这清楚地表达了所有意思。

然而，互联网原住民为什么会这样？他们大部分是独生子女，得到了太多的关注。他们有权平等地参与家庭的决定，以这种方式体验了合作与分权的人就不愿再被禁锢在僵化的等级制度中。他们中的很多人经历了父母离异，缺少完整家庭的关爱，因此学会了自我组织和自己承担责任。在线的网络组织取代了传统的结构。他们想要建立一个人数众多的社会群体，那么每个人面对损失就不会那么痛苦。很多年轻人不再自己开车，因为开车的时候不能上网。网络形象对他们很重要，因此他们会精心维护。互联网原住民完全痴迷于反馈意见，他们不停地收集别人对他们的看法。

他们当然也要求另一种方式的领导。18 岁的菲利普·利德勒是“董事会顾问”，他在接受 *ChangeX* 采访时表示：“我们心目中的老板不会直接发布指示，而是提供一种正确的外部条件，他不会表现自己的权威，而是解释权威，权威指明方向，给出反馈意见，这种反馈不是每年一次或两次，而是不断进行。对工作负责任是我们自己的事情。”他在书中也写道：“如果你们想要得到我们，那么首先要能够让我们成为你们的粉丝。”

企业文化的转变者

还有一个方面也逐渐发生了转变：现在的雇主要接受最有前途的应征者的面试。过去面试中的一个标准问题是：“你对我们公司有怎样的了解？”招聘人员对我们说，现在招聘顶级人才的情况彻底翻转，他们会问：“我已经了解了贵公司的管理和企业文化，现在请您解释一下，我为什么要在贵公司工作？”

毫无疑问，Y一代改变了我们的工作环境。网络是真实世界的扩展，也是社会化的生存空间。Y一代将网络通用的合作原则融入日常工作，并向领导提出了同样的要求。他们要求去等级化的工作环境和实验性的工作场地，不希望有规矩的束缚。他们发展了自己的价值结构，这些结构符合他们生机勃勃的移动生活。他们积极投身社会生活，希望完成有意义的工作。他们期望自己的公司也能承担社会责任。

> 互联网原住民告诉虚拟时代的互联网难民世界从这一刻起会沿着什么方向发展。

千禧一代以自己的方式改变着企业文化，设法使商业世界与社会同步发展。在现代社会中，重要的是减少差异性，强调共同性，使人们处于相同的等级。他们称其为对等交流（P2P），即同等级的人之间的交流。他们所代表的价值将会对工作的未来产生深远的影响。

互联网原住民的价值观：

- 合作而非对抗
- 平等和自组织
- 对话和相互影响
- 分享与参与
- 透明和诚实
- 创造性与快速反应

互联网原住民以此告诉虚拟时代的互联网难民世界从这一刻起会沿

着什么方向发展。同时，后起之秀在接受领导任务的时候也必须学习互联网难民的工作方法。

传统面孔：互联网难民

“不久前我们招聘了一个 20 岁的年轻人，他从没写过邮件。”最近一位头发花白的老人对我说。是的，两个人在这一点上还是有共同点的。对于某些互联网原住民来说，邮件已经是古老的方式了，因为他们都是通过 WhatsApp 来交流，而在公司的管理层中仍然堆积着大量的打印文件。不管人们是否相信：根据 2013 年的 Bitkom 调查，18%的公司没有自己的网页。

两代人之间存在着巨大的鸿沟：年轻的网络社群离开互联网就束手无策，他们在形式上已经与他们的手机融为一体了，而另一些人则刚刚开始他们的发现之旅。因此现在有很多“银影侠”[①] 满怀激情地在脸书网上寻找那些早已在那里等待他们的年轻朋友。《法兰克福汇报》主编弗兰克·施尔玛赫的《回报》（*Payback*）和大脑研究者曼弗里德·施毕策在 2012 年出版的著作《数字化痴呆》（*Digitale Demenz*）让人们感到震惊，这种感觉至今让人心有余悸。这两本书试图针对所谓数字化转变引起的所有变化发动全方位的攻击，并向我们解释，我们在这一过程中如何失去了理智。2013 年夏天，德国总理默克尔的评论也加入其中，互联网可能“对我们所有人都是新大陆”。这些评论引起了极大的媒体效应和大量关于“新大陆”的在线讨论，在很多人眼中，这是将整个德国说成了数字化的原始人。其实一切早已不是新事物，20 世纪 70 年代就有互联网了，90 年代末就出现了社交网络，2007 年 iPhone 问世。

---

① 漫威漫画中的人物，外银河系行星 Zenn-La（住着长相和人类一样的外星种族，寿命极长，科技异常发达）的一名年轻太空人。这里用来代指职场中的年长者。

无论如何，数字化转变正在全速前进。不管人们愿不愿意，虚拟化的世界仍然存在。对于年轻的 Y 一代领导来说，他们必须学习如何去领导那些前数字化时代的员工，他们具有工业化社会特征。这个时代的人还将工作看作履行义务，认为领导对于一切人和事都有工作指示，员工无须过问，只需要忠诚认真地完成工作。奉行的是胡萝卜加大棒的原则：做得好就会有奖金和升职，做不好就会受到警告或者开除。人们习惯于外部的刺激因素。每个人的头顶始终悬着压力和控制的潜在危险。

- "这里的每一个都可以被取代。"
- "如果你没有什么贡献，就可以走人了。"
- "我这么说了，所以就得这么做。"
- "你只需关心自己的工作，思考的任务就交给我吧。"

这个时代的人经常听到这样的话。

公司希望员工有责任感和等级意识，应该顺从而且勤奋。他们在八小时工作时间内要放弃自主决定，按照公司的要求工作。这样做的结果就是循规蹈矩，员工行为普遍缺乏远大的抱负，工作的动力建立在恐惧的基础上：担心受到惩罚，害怕失去安全感、薪水和工作岗位。职位升迁和工资的高低主要依据入职时间，而不是个人的能力和想法。人们紧紧"依附"于公司，不能独立思考，至于是否有能力胜任更高的职位就更不在考虑范围之内了。

难点在于模拟时代的互联网难民一直接受并习惯于这种领导方式，而如今他们只能慢慢地适应独立工作和自己承担责任，因为他们从没接受过这样的教育。

中间一代：互联网移民

互联网移民是指 1980 年以前出生的那一代人。他们或是自愿或是被迫了解了不断发展的数字化趋势。因为熟悉两个世界，所以他们是新老两代人之间的桥梁。如果模拟与数字的合作出现问题，他们就会扮演调解人的角色。

当然不存在固定的互联网移民，就像很少有固定的互联网原住民一样。很多年长的人思想新潮，对数字化也非常熟悉，同样也有很多思维僵化的年轻人。人们在工作和生活上与数字化的紧密程度才是重要因素。但这些互联网移民在利用数字化时还是不如互联网原住民那样游刃有余。曾经担任过 IBM 技术负责人的冈特·迪克在《专业智慧》（*Professionelle Intelligenz*）一书中写道："他们一直使用手机出厂时设置的铃声。"如果电脑上出现了什么新东西，他们就会让计算机中心的服务人员帮忙关掉。

未来的领导事业和专业事业一定会受到平等对待。

担心失去（数字化）联系的恐惧可能会导致额外的压力，会使他们封闭退缩，也必然会导致焦虑情绪。公司的中层领导承受着越来越大的压力，在两个世界之间消耗自己的精力，这种压力主要体现在以下三方面：

- 在上下层之间，即在老板与员工之间；
- 在真实与数字之间，数字化的一切并不是他们熟悉的领域；
- 在年轻人的迅速反应与自身受年龄影响的行动缓慢之间。

好在越来越多的公司为互联网移民创造了两条绝对平等的升迁之路：管理序列和技术序列。这一原则也称为"双轨制"，即不是每个专业人才都一定要成为领导人才，这其实非常符合逻辑。但是很多公司的提拔体制仍然自相矛盾：取得良好的业绩就会被提拔到领导岗位作为奖励，领导岗位的收入可观，但人们要放弃他们擅长的领域，转而去做自己不一定擅长的事情。

领导位置应该留给那些擅长与人打交道的人。在公司范围内，应该为专业人才提供广阔的发展空间，而不仅仅是被提拔至领导岗位这一条途经。这样做最大的好处就是：如果人们不再追求紧俏的领导岗位，那么他们就有更多的时间专注于工作本身，也不用使用肮脏的伎俩。

新的大多数：协作者

通常意义上的工作关系正在逐渐消失。工作群体中的大部分人都将成为协作者，即在一定时间内在某一企业工作。他们巧妙地处理项目、委托人和工作地点之间的关系。集中工作与休闲的时间不断变化。人们通过自己创造的平台、网络或者借助代理人实现自组织。虚拟代理人和虚拟化身很快就会为他们提供帮助。

这就为企业提出了全新的管理工作和领导任务。公司必须学会在一定时间内将这些独立的员工统一起来，给他们鼓励，使他们顺利地创造最大的成绩。在这种情况下，良好的沟通机制和固定的反馈体系发挥着决定性的作用。这些方面都是对一家公司进行评分的标准。在薪酬、公平和工作环境方面不能得分的企业无法吸引全球顶尖的项目经理。比如说，很多企业在和有创意的供货商打交道时都没有表现出足够的诚信，（但愿）这种情况会逐渐改变，因为未来的一切都是公开的。

未来学家斯温·佳博·杨思基表示，顶级项目经理人是否会承担一个项目的三个最重要的决定原则是：

- 项目对个人是不是一个挑战？
- 项目对世界是否具有更大的意义？
- 个人在项目中是否会和优秀的员工合作？

将拥有不同经历的优秀员工结合在一起是关注项目内容的最有效方法。33 岁的建筑专家彼得强调："这是摆脱传统组织毫无意义的权力斗争的理想避难所。"

自由职业者和知识型员工

律师、税务咨询师、建筑师和企业咨询师这些传统的自由职业建立起了一个单人公司的阶层——自由职业者和独立的知识型员工。他们主要从事软件开发、在线营销以及创意和咨询工作。就这一点来说，他们也应该算作协作者。他们中的很多人通过实习或者短期工作了解了企业的内部状况，而且他们通常在大学期间就建立了一家小公司。因此对传统公司和自由职业都很熟悉，最终决定从事自由职业。他们在工作过程中也经常会有一些不确定期限的工作合同，但是他们仍然心向自由，喜欢多样性和职业自主。

女性也属于新的自由职业者中的主力，她们做一些简单的兼职工作赚外快，或者丰富自己的生活。但是我们发现，越来越多的女性专业人才开始逃离男性管理的不公正待遇。这些女性觉得无谓地沦为“棋子”是非常遗憾的事情。她们不愿意每周工作 70 小时，还要承受焦虑和骚扰，也不想接受低廉的报酬。她们受过良好的教育，可以在自由职业中得以施展。有了良好的网络支持，未来还会有更多的女性获得成功。这种男性自己造成的人才流失会继续弱化那些男性占主导的组织。

无论男性还是女性，知识型员工都是我们这个不断发展的网络经济中拥有知识的高素质员工，他们正在创造一个就业市场上的平行空间。知识型员工分为两种类型：一种是技术型“呆子”，他们几乎与其他人隔绝，穿梭于不同的项目之间；另一种是协作型团队人才，他们是各领域的专家，在一定时间内以自己的才能服务于某一家企业。未来研究所这样评价：“他们是知识的承载者、传播者和扩展者，是科学与经济的中间人。”他们的核心动力是“在创造性过程中的自我实现，他们必须清楚未来有着极大的不确定性，同时收入也会出现波动。”自我剥削也是自由职业的知识精英们要承担的风险。

自由职业者与导师和投资人一起筹划，在虚拟的网络和合作场地实现自组织，我们在开始的时候就介绍了这些形式。他们成功的原则是“协作取代竞争，共存取代对立”。工作逐渐实现了“项目化”，这向项目中的优秀人才展现了美好的未来。人们在不同的自由职业者平台上进行供需交流，这些平台提供大量的用工信息，同时还产生了新的评价方式。企业内部的员工评价体系也可以此为样本进行改革：为成功的项目设立星级、分数和排名。人们不需要过去的那些经过修改的简历，也不需要美化相关从业经历，取而代之的是一个公开的文件夹，其中包括对项目的一些积极推荐。为了在这样的环境中获得成功，人们就必须建立一个积极的形象，这将成为新的商业资本。

经验很重要：资深顾问

“银行定期委托我对苏黎世湖边黄金海岸的房地产进行评估。”60 多岁的乌尔斯对我说。他是我在度假时遇到的一个“不安分”的退休老人。“任何电脑程序都不可能像我的经验一样准确地确定房地产的价值。”互联网原住民也（还）做不到这一点。这主要在于流体智力和晶体智力的区别。流体智力包括快速理解、灵活行动和提出原创解决办法的能力，这种智力会随着年龄的增长而下降；而晶体智力则会随着年龄的增长而不断提高，晶体智力包括广博的知识、经验以及分析事物之间联系的能力。

资深顾问通常从一个经验丰富的职业领域退休，然后从事自由职业。他们可以成为潜力股和年轻领导们出色的导师。例如，这些资深顾问可以告诉他们，那些模拟时代的互联网难民还会在哪些领域“起作用”。另外，比尔吉特·格布哈特在 *New Work Order* 中写道，33%的人希望寻找一名资深顾问作为导师。

> 经验是无法取代的，并表现为一种直觉。

某些企业又开始重新雇用那些上年纪的员工，然而就在几年前人们还草率地用“一次性补偿款”将他们遣散。很多重要的经验都在这一过程中流失了。人们在很多地方都需要这些经验，因为这是在互联网上找不到的，更不存在什么数据包。这些经验深藏于人们的大脑之中，看起来更像是一种直觉。

直觉是一个人在各个生活阶段的所有感情经历的总和。一个人的大脑对认识、行为方式、策略、方式方法的累积越多，就越能够想出更好的解决方案。直觉就像是一种只有本地人才能看得懂的缩写，更像是一条实现目标的捷径。在复杂性成为日常事务、不确定性始终存在的今天，资深顾问更是公司的一个重要补充。如果没有时间进行深入的分析，那么这些顾问的经验就可以为决策的正确性提供更大的保证。

这些顾问和专家有着多年的经验，而且敢于凭经验做出决定，因此较大的项目离不开他们。他们是那些纯粹经验主义者的宝贵对手，那些建立在纯数据基础上的经验只会将企业带入沼泽，而无法引领企业实现目标。

直觉比理智来得更快，因为直觉是即时出现的，而理智则是按照顺序连续出现，也就是说会晚一点儿，相对较慢。研究显示，在做复杂决定的时候最好不要反复考虑，而是遵从灵光一现的感觉。哲学家汉斯·马格努斯·恩岑斯贝格尔说过：“大决定靠直觉，小决定凭头脑。”

打开感情中枢的闸门是明智之举。如果理智和情感可以密切配合，那么其中就隐藏着巨大的机遇，其中当然还存在很多障碍。罗尔夫·多贝里在《清醒思考的艺术》（*Die Kunst des klaren Denkens*）和《明智行动的艺术》（*Die Kunst des klugen Handelns*）这两本书中告诉我们，我们会犯哪些思维错误，以及我们在哪些情况下可以无意识地摸索前进。诺贝尔经济学奖获得者丹尼尔·卡尼曼（Daniel Kahneman）、丹·艾瑞里（Dan Ariely）和罗伯特·B·西奥迪尼（Robert B. Cialdini）的著作也在这方面给出了很多建议。

工作中共存的多阶层员工

“如果你不是固定员工，那么你就是第二阶层!”了解情况的一个人这样对我说。他失去了自己的固定工作，通过兼职中介又回到了原来的公司。不只是缩水的工资让他难过，很多微妙的迹象都表明，他不再真正属于这里了。对身份和社会声望的影响比金钱的损失更让他难以接受。

工作模式的细微化同时产生了正反两方面的影响。从社会学的角度来看，产生了一种新型的多阶层社会：一方面是有着固定合同的骨干员工，另一方面是外包的员工，他们的收入差距很大。爱尔兰经济社会哲学家查尔斯·汉迪在几年前就描绘了这一发展趋势。他使用爱尔兰国花三叶草作为象征，三叶草结构建立在三个核心元素之上：管理层的核心团队、外部专家和外包领域、必要情况下雇用的“简单”工人。

这一情况在生产型企业中越来越成为一条规律：固定员工的收入通常会高于工资标准，他们和处于收入底层的合同工紧密合作。这种情况已经非常矛盾了：承担着最大失业风险并且给予公司最大灵活性的人得到的却是最低的工资待遇。还有一点：固定员工享受企业提供的所有方便，而外部员工什么都没有，从工作服就可以看出后者“不是自己人”。只要一些常规工作还没有实现自动化就会外包给供应商，然后再低价回收。抛开公平的问题，企业领导们必须自问：人们应该怎样激励这样的员工使他们成为一个整体？人们如何确定这样的团队不会形成令人不快的等级制度？

完全是不安定因素：内部的“等级制度”

根据未来研究所的分析：“随着工作环境波动性的不断增加，受经济下滑危及的群体、边缘群体、弱势群体的比例也不断加大，用一句话概括就是生活困难的人越来越多。即使他们工作努力，在企业结构调整或者采取合理化措施的时候首先受波及的仍然是这些人。”所有电脑可以完成的事情都会被系统化加以解决。只有困难的、个性化的、定制的和特殊的任务还是由工人完成。如果知识可以通过网络查询获得，即使过去的专家也会降级变成普通工人。因此好工作和差工作之间的差别越来越大。就在领导层为了一个虚幻的节约成本计划欢欣鼓舞的时候，公司的最下层则产生了一个新的等级制度。如果社会差距过大，就会产生隐患。

除了最底层的困难人群以外，第二个阶层就是那些签了临时合同的员工，公司根据需要雇用短期员工，任务完成后就会将他们辞退。这样的工作岗位人员变化频繁，而这种人员流动对部门的每一个人都形成了负担。不断有职场新人需要熟悉工作，他们当然会犯各种各样的错误，因为工作需要长期的磨合。这些新员工缺乏专业能力，也不可靠，客户会因此流失。短期工作后要离开的员工和新来的员工之间并没有任务交接。老员工反复解释相同的内容，他们总会感到厌倦，心灰意冷的客户最终也会离开，更不用说日益恶化的市场声誉了。认真计算一下就会发现，由临时合同节约下来的短期成本基本无法抵偿长期的机会成本。你是否清楚地要求负责人将这些成本计算在内？你如何确定这些临时工能够尽可能迅速地创造产出？

第三阶层是短期参与项目合作的外部专家，他们有时会创造巨大的价值。有些员工对这些人并没有什么好印象，他们觉得这些顾问团就像一群蜜蜂一样在公司到处乱窜，用多余信息、简化过程和成本效益来考核一切工作。按照他们的考核标准，公司应该用一半的工人完成两倍的工作，他们称其为压缩工作。从这些情况中吸取的经验：人们必须谨慎对待这些专家，最好只交给他们必要的工作，而不让他们了解各种信息。如果你将准备工作交给第二阶层和第三阶层完成，那么工作将无法按计划完成。人们只是表面上合作，心里都希望这份吵闹的工作快点过去。这种预设的经验给内部和外部员工的合作增加了负担。人们必须提前考虑到这一点。

“我们”和“他们”

下次活动时你可以观察一下，如果很多人聚集在一起，他们就会形成一个群体。群体内部分为不同的角色：吵闹的人、安静的人、发言人、反对者、支持者和中立者，这时也会出现内部争吵。然而一旦出现另一个群体，那么每一个群体都会形成一个统一团结的单位，并且立刻开始试探过程：是敌？是友？永远是相同的游戏规则：“帮助自己群体的人！为他们作担保！以他们为荣！为他们说好话！要忠诚！”

人们对外划清界限，这种做法经常伴随着与其他群体的激烈冲突，而群体内部的人则彼此信任。只要没有人“至上而下”地干涉，群体内部就会实行社会化监督。集体就意味着，声誉就是资本。脱离集体的人会受到恶毒言语的诽谤。人们“贬低”这个人，就是为了减轻损失的痛苦。一个群体越是闭塞，那么“入会”的程序就越是烦琐。谴责“抹黑自己国家的人”和“叛国者”的手段有时是非常残忍的。

这种“我们”与“他们”的区别越明显，群体内部的社会身份的感情就越强烈。某些公司的敌对情绪简直是一种传奇，例如可口可乐和百事可乐，或者麦当劳和汉堡王。它们肯定浪费了很多资源，很可能也动员了很多人。

> 内部的敌对形象是致命的，强烈的部门本位思想也是有害的。

组织内部的敌对则是致命的，强烈的部门本位思想也是非常有害的。阴谋诡计和内部对抗会摧毁“我们”这一形象。人们通过距离、对抗和自我封闭来维护这些巨大的差别，与其相对则会促进开放和接触。如果企业上下层和各个部门之间加强合作，在同一平台上共同筹备组织项目，则对公司的发展非常有好处。

因此，我现在立刻就可以给出一条具体建议：不要与每个员工单独谈话，而是进行团队会谈，还应该打破部门之间的界限。那么所有人就坐上了同一条船，大家可以一起研究实现目标的方法，这样成功的筹码会大大增加。因为在实现目标的路上，众人的力量一定胜过单个的人，而且大家还有着相同的目标。你同时也摆脱了一个臃肿庞大的监管体系，这会节省很多时间，而且预防了利己主义的出现。因为如果个人的目标与经济利益挂钩，那么人们一定会以最小的付出获取最大的利润，即使这么做会增加其他部门的成本，甚至会给公司带来损失。

我们工作环境的虚拟性不断增加，每个部门就像一个卫星，领导层最重要的任务就是在公司范围内增加员工的归属感和团结性。持续的对抗和内部竞争会带来最佳结果，这只是上层领导的幻想。事实正相反：只有通过协作，知识型员工才能取得丰硕的成果。如果一个人长期在一个拼凑的团队工作，那么他就要特别善于带动团队的活力。如果团队内部的联系太弱，那么成员很快就会去寻找那些稳定而且运转良好的团队了，可能是其他的项目、其他的团队，或者其他的组织。

11

员工的忠诚：当下的必要条件

不久前，一位经理在研讨会上对我感叹道："忠诚的员工？哎，许勒尔女士，真的不要再提这件事了！"的确，忠诚现在已经变成稀缺的资源。几十年的良好关系变成了一种让人惊奇的稀罕物。片段式的陪伴是大势所趋。固定合同之上笼罩着永恒的暂时性。不停地更换工作早已成为一种常态。对新工作期待的喜悦超过了对老东家逐渐退却的热情。所以某些行业的员工流动率已经接近快餐店了：员工每年整体更换一次。

大部分公司的管理层也难逃这种状况。首席执行官的平均任职时间不到五年，销售经理和营销经理的更换时间是两年。毫无疑问，如此频繁的人员变动一定会影响员工的忠诚度，因为忠诚产生于人与人之间的交往。人们需要时间来培养忠诚。忠诚并不是单行线，而是建立在双向互动之上。错误的领导行为会在顷刻之间将其摧毁。

如果所有情况都这么糟糕，那么我们还有必要谈忠诚吗？当然！我们还能拥有忠诚吗？是的，前提是我们知道忠诚是怎么回事！我们还需要忠诚吗？肯定需要！既然现在招聘优秀新员工的难度越来越大，那么我们就应该寄希望于已有的员工。原则就是“招聘新人前进行人力资源开发”。考虑到人口统计学的数据，未来公司员工的忠诚度也是一个重要的因素。人力资源策略基本呈现出两个方向，弗劳恩霍夫研究所和斯温·佳博·杨思基表示：一个组织要么选择成为“关怀型公司”，要么发展为“流动型公司”。

> 招聘新人前进行人力资源开发。

- 关怀型公司有着很高比例的固定员工。公司必须尽一切努力尽可能长时间地留住需要的人才，同时希望将员工流动率降到最低。核心问题是：如何让自己的公司不仅能够始终产生效益，还要让员工在公司生活得很好，让公司成为值得他们热爱和忠诚的对象？
- 流动型公司中的固定员工比例相对较小，大部分员工都是短期合同工。这样的公司也要培养员工在合作期间的忠诚，使优秀的人才继续参加以后的项目。核心问题是：怎样使外部员工在最短时间内不仅创造出价值，还会成为企业的追随者和市场上的信息传播者？

忠诚度对于企业成绩的取得越来越重要，所以我想在这里详细阐释一下现在对忠诚的定义，忠诚有哪些形式，人们如何获得忠诚，什么样的行为会毁掉忠诚，它会为企业带来什么。

忠诚在今天意味着什么

忠诚是最高尚的品德，它不受合同的约束，用钱买不到，也不能强求，只能靠自愿馈赠。忠诚是一种强大的内在立场。员工的忠诚不仅体现在行为上，更从内心表现出来。他们做事积极，而且富有成效。他们关心公司的安危，与公司融为一体，将企业利益得失看作自身的得失。无论在公司内部还是公司以外，他们始终赞美自己的公司。他们积极推荐公司的产品和作为雇主的公司本身。这样极度忠诚的员工无疑是最有价值的员工。请注意：围绕他们出现了很大的竞争。

员工忠诚度意味着：

- 自愿而且持久的忠诚
- 积极主动，享受工作的乐趣
- 有进取心，站在公司的立场考虑问题
- 认同以及情感上的归属感
- 积极主动地进行口头宣传

这样的忠诚产生于信任与吸引，而不是通过压力和强迫获得。忠诚表现在很多方面：做出成绩的意愿、公平、可靠、正直，还有激情和融合。公司当然不可能轻而易举地得到这一切。员工的忠诚和客户的忠诚一样，都需要不断地努力争取。

错误理解的忠诚则建立在盲目的服从之上，甚至需要人们放弃自我。这样的忠诚掩盖了虚伪的欺骗，隐瞒了错误的行为。人们对辛劳忍气吞声，毫不反抗。不加思考的唯命是从对任何一家企业都是致命的。我们所说的忠诚并不包括这种形式。

即使自己的做法会引发众怒，忠诚的员工仍然会为了公司的利益振臂高呼。如果个人目标与公司目标发生冲突，他们也会放弃自己来维护公司。

为什么忠诚比义务更有价值

人们越来越多地将员工义务称为保留管理，指的是企业采取积极措施留住公司需要的人才。单是“义务”这个词就已经隐含了强迫的意味，人们几乎可以联想到束缚。而忠诚则是一种建立在道德价值基础上的不成文合同。如果合同被撕毁，人们就会视其为一种内心解约，虽然短期内看不出影响，但是一定会产生不良作用。

原则上员工受到三方面义务的制约：

- 情感义务
- 事实义务
- 金钱义务

情感义务分为两种方式：标准的和行为的。行为义务涉及外在的情感方面，例如工作地点较近，或者工作时间灵活。只有标准义务才是由内在责任感产生的忠诚，这正是我们现在解释的内容。

事实义务是通过法律合同确定的义务，这种义务也说明了义务的从属性和对自由的限制性。其中的一种也被称为计算性义务，例如员工希望以此得到培训和晋升的机会。

金钱义务主要是指经济利益。人们当然无法买到一切，如员工的爱和忠诚。即使是使用股票期权、奖金红利等著名的“金手铐”也无法强迫人们忠诚于公司。忠诚就像友谊一样，人们需要从心底里得到。另外，公司和员工之间还必须擦出火花。

忠诚不需要多余的金钱馈赠，重要的是建立一个积极的关系账户。对于一个有能力的员工来说，纯粹的金钱因素一般不是最重要的，当然合理的工资待遇是前提条件。首先要将一段工作关系所承载的感情价值与现实情况结合起来。二者相加才能决定人们预备为工作承担的义务。如果缺少事实或者情感义务，那么就只能用工资待遇来激励员工了，因为在这种情况下金钱就成了唯一的筹码。这是情感替代计划，我们也称之为“补偿费”。

最后不能忘记一点，针对上一章讲过不同的员工类型，应该采取不同的方式让他们忠诚于公司。这一点也与性别有关，女性更容易建立一种亲密关系。另外，她们也是积极的口头宣传者，简直就是真人版的滚雪球销售体系。

员工旅行：来、留、走

忠诚源于正确地选择员工。如果你聘用了潜在的不忠诚员工，那么员工的频繁跳槽就不足为奇了。例如，美国著名的电商 Zappos 以关注客户而著称，这家公司解释道：新员工入职后首先要在客服中心参加为期一周的培训，这里也被称为忠于客户团队，培训结束后的员工如果想要离开公司会得到 4 000 美元。这就可以证明，员工是因为热爱这份工作，而不是因为钱而留在 Zappos 工作。

如果选择了不适合企业文化的员工，如果拒绝让团队成员参与决策，那么就不能抱怨公司的人员流动频繁了。你需要认真分析一下，哪些人是最有价值的忠诚员工？怎样才能找到这些人？他们有什么样的特征和行为方式？他们表现为什么样的固定模式？人们可以复制其中的哪些模式？这样就可以根据这些内容制定一些方针政策和选拔流程，帮助人们有针对性地寻找忠诚积极的新员工。人们也能在这一过程中学习如何避免徒劳地培养员工的忠诚。人们可以按照相应的程序总结出各种特征指数。

并不是每一个人都能成为忠诚的员工，而且每个人的忠诚有不同的表现形式。每个人都有不同性格，还有行业、职位和等级的差别，每个人与公司的联系形式都不相同。人们应该避免站在自己的角度看问题。双方相匹配是重要的标准。此外，决定一个员工来到一家公司、留下来或者离开的因素都是因人而异的，没有统一的标准。请凭直觉在下面的表格中划出你认为重要的标准，并填上你认为在考核员工或者确定岗位时特别重要的标准。

标准	来	留	走
任务/职位			
工作场所的陈设			
有竞争力的薪酬			
福利待遇			
晋升机会			
培训机会			
企业吸引力			
上司的态度			
独立性			
企业氛围			
认同的文化			
工作环境			
工作时间、模式			
工作生活整合度			
医疗保险			

如果我问员工，用什么办法可以激励他们忠于公司，我听到的都是相同的内容：免费水果、免费饮料、免费餐券、健身卡、健康检查。但实际上没有人会因为小恩小惠而留下，而且很多公司都有这些待遇。金钱也不是人们优先考虑的因素。如果人们询问顶尖人才离职的原因，很少有人会将收入的高低列为最重要的原因。起决定作用的更多的是企业文化、对工作的满意度和直接上司的领导态度。很多“普通”员工则更看重是否得到尊重以及认可。在进行内部分析时，重要的是找到员工真正的离职原因。认真筹划、系统开展的离职采访就可以探究出其中的原因。我们在第三部分还会接着探讨这一内容。我们会列出一系列特征值，人们可以以此推导出员工的动机和忠诚的原因。此外，我们还会对一些紧迫的问题给出正确的解释：

- 如何才能增强员工的忠诚度和积极性？
- 如何才能避免出现我们不愿看到的人员流动？

为此需要调查不同工种和不同部门的员工和人员流动率，此外还需要根据性别、年龄、国籍等因素分别调查。人们最终根据相应的参数建立一套预警系统，提醒公司可能出现的人员流动。

我们的终极目标是彻底杜绝人们不愿看到的人员流动。如果不能达到这一目标，那么还有另一种选择：重新赢回公司需要的员工。只有员工正常离职，才可能实现这一目标。公司并没有失去这样的员工，他们只是换个地方工作而已。还需要确定一点：他们新换的工作并不合意。人们需要做的就是保持联系，在适当的时机发出适当的邀请。与雇用新员工相比，雇用老员工更简单，也更节省成本。而且此后会建立一种新的更深的忠诚，这种忠诚会更加稳固，因为人们几乎不可能得到第三次机会。

> 终极目标：彻底杜绝人们不愿看到的人员流动。

我们对谁抱以忠诚

如果一个人必须在工作中放弃自己的价值观、需要和个人目标，而且不断地委曲求全，那么这个人就无法产生忠诚的感情。如果员工的个人价值观与公司的价值观高度一致，那么员工就会迅速表现出忠诚。能够与公司融为一体，也就是忠实于自我。

我们需要从根本上区分两种忠诚：对自己忠诚，即对内忠诚；对其他人忠诚，即对外忠诚。如果我们采取外部视角观察，就会发现以下四种忠诚：

- 对企业的忠诚
- 对直接领导的忠诚
- 对同事和朋友的忠诚
- 对自己工作的忠诚

不久前，求职招聘门户网站 Monster 进行了一次在线问卷调查，共有约 25 000 名欧洲员工参加。针对“你在工作中对谁最忠诚?”这一问题，人们的回答如下：

- 自己：33%
- 团队：32%
- 公司：19%
- 老板：10%
- 没有人：6%

德国员工对自己的上司明显缺乏忠诚。7%的员工表明自己忠于上司，这是欧洲范围内的最低值。但这也是符合逻辑的：如果领导层只是追求在公司的职位晋升，那么员工对上的忠诚度从何而来呢？如果一个团队刚刚完成了磨合，就要被迫分开，那么又如何形成亲密的关系呢？公司结构不断调整，项目不停变化，员工们丝毫没有选择的余地，这种情况是忠诚的毒药。忙碌过后必须要充分地休息，这样人们才能互相熟悉。一个集体为了实现长期团结，成员们必须培养彼此之间的社会关系。这在未来更重要，因为最近又出现了第五种忠诚：对自我网络的忠诚。

新现象：第五种忠诚

一般来说，我们都希望加入一个运转良好、声望崇高的公司，而不是一直跳来跳去。当然每个人的内心都渴望丰富多彩，驶往新的彼岸更是难以遏制的欲望。对于很多人来说，现在的工作环境必然是一种“游牧的工作”。同时，我们迫切希望与志同道合的人组成一个群体。足球爱好者俱乐部和网络社区的流行就是明显的标志，网络游戏更是延续了这一趋势。集体游戏成了最流行的游戏。人们并不仅仅是为了得到徽章和更高的等级，同时也是为了加入有名气的团体和协会。

过去的氏族与部落演变成了现在和未来的社群。社交网络就是新的避难所和群居本能的现代形式。这个隔绝的时代正逐渐发展为孤独的时代，甚至催生了社交躁狂症，协作的企业可以代替过去的集体和逐渐瓦解的家庭结构，给人们提供一个家园。很多年青一代的孩子都是来自双职工家庭或重组家庭，他们都在寻找一种新的共存形式。对于千禧一代来说，这种具有亲和力的联系比其他任何价值观都重要。相同的人生观、相似的价值观和共同的经验使他们感觉彼此亲密无间。他们互相出主意，彼此帮助。在面对重要的人生决定时，他们互相影响，做出相同的选择。身份的形成取决于你做什么，而不是因为你是什么人。

曾经存在过那种垂直性的忠诚。例如，一个人是根深蒂固的西门子人，即西门子公司的员工，那么他就会一辈子忠于这家公司。这种自上而下的忠诚现在正在分崩离析，人们对各种机构存在很大的疑虑。过去那种对上级无条件的忠诚已经不存在了，水平性的忠诚取而代之。网络取代了等级制度这一原则。如果传统的安全体系不起作用了，那

> 网络取代了等级制度这一原则。

么网络就会提供安全保障。传统的家庭结构和终生职业这些所谓的“强连接”正在逐渐消失。“弱连接”这种轻松的关系应运而生。我们今天的忠诚属于平等关系和朋友圈，属于工作和私人范围内的轻松关系。我们渴望与这些人建立一种紧密的联系。

五种忠诚需要齐头并进，其中任何一项落后都会对员工的忠诚行为造成不良影响。在具体的实施过程中，其中哪一项更重要则因人而异。例如，模拟时代互联网难民的忠诚主要从属于公司，而互联网原住民的忠诚则献给了网络。对于他们来说，自己的老板不过是众多平行网络中的一个。如果一家公司有能力按照网络结构进行构建，那么他们就会选择在这里工作得久一些。相反，那些不尊重他们网络忠诚度的公司就完全不在他们的考虑范围之内。

为什么忠诚越来越重要

人们现在可以轻而易举地获得就业市场的信息，这是前所未有的情况。过去人们依赖报纸和杂志的招聘广告，而现在可以轻松地在网上查找。尤其是有能力的人在就业市场上非常抢手，他们一旦发现这家公司不适合自己，很快就会准备跳槽。如果员工离职，公司就要根据需要“买来”一个新的，或者像对待机器一样，用一个还能使用的员工去代替一个已经耗尽精力的人：大多数公司早就负担不起这种“奢侈的做法”了。将员工看作执行帮手，完全耗尽他们的精力，这种做法在未来是行不通的。加速转变和日益增加的复杂性为公司提出了全新的挑战。忠诚、声望与信任就是黏合剂，可以将一切紧紧地联系在一起。

忠诚的员工非常愿意加入变革的过程，这也是市场提出的必然要求。协作工作关系更需要一种内在的责任感，这就是忠诚。项目团队的人员构成不断变化，因此一开始就需要培养员工的忠诚。在一定程度上甚至需要一击即中。如今虚拟合作逐渐增加，人们更需要一种建立在忠诚基础上的信任文化。公司也需要一种融合了忠诚度的员工个性。过去的线性命令文化越来越多地被网络结构所取代，因此企业急需一种忠诚度。对于追求工作意义的员工来说，忠诚也是无法回避的问题。

员工忠诚的最大益处：

- 提升工作意愿、主动性、工作效率和产能
- 自愿参加学习和培训
- 愿意承担更多的责任
- 产生更多想法和改良建议
- 可以形成信任文化
- 对内对外开展积极对话和口头宣传
- 对外宣传公司

在与客户打交道的领域中，较低的人员流动率对客户忠诚度的形成会产生积极影响。人们有时只是因为一个认识很久的老朋友就会更换服务商。如果销售人员跳槽了，他们也会带走自己的客户。如果客户总是接触新手销售员，他们就很难成为老客户。有着多年经验、受过良好培训的员工更了解如何培养客户的忠诚度。客户不断光顾这家公司也向员工证明了他们的正确选择。如果一家公司的员工待遇差、工作条件糟糕，那么前来光顾的客户就会越来越少。因此，员工忠诚度和客户忠诚度紧密联系在一起，二者相互促进，或者相互削弱，员工忠诚度是前提条件。

最糟糕的忠诚摧毁者

如果雇用新员工的难度越来越大，那么人们就应该更加关注已有的员工。然而现实情况却非常糟糕。招聘人员竭尽全力从别处招徕人才，自己的员工却悄悄流失。他们自问道："如果指望不上公司的忠诚，那么我为什么要对公司表现出忠诚?"的确，公司必须值得人们去效忠。如果公司对员工与合作伙伴都体现出了忠诚，它们才是值得人们效忠的公司。

如果做不到这一点，那么公司也没有权力要求别人的忠诚。很多公司正在一步步地失去员工的忠诚。一旦经济形势有所好转，这样的公司就会遭到报应：人们开始算老账，心怀失望与不满的优秀员工会成群结队地跳槽。

适当的人员流动是当今商业新世界的正常情况。如果只是失去了少数优秀人才，那么从避免“近亲繁殖”的角度来看也算是合理。人员流动频繁的原因有很多种，可能是专业知识不吻合，可能是人与人之间的意见不统一，也可能是公司领导的问题。摧毁忠诚的最重要原因是：

- 情感冷漠以及缺乏人性化
- 信任萎缩和受到监控
- 不停的变化和结构调整
- 糟糕的分离管理

如果人们能够着力研究这几点，就可以大幅度地提升员工的忠诚度。然而很多时候公司将员工看做商品，可以从一个地方挪到另一个地方，也可以随意地组合或排挤。恰恰就在过去的几年里，大部分员工的亲眼所见和亲身感受告诉他们：不值得为公司贡献忠诚。削减工作岗位有时是不可避免的，也是未来发展的必然趋势，这一点已是无可争辩的事实。但是一些具体的裁员方式无论是过去还是现在都让人绝对无法接受：一些人是从媒体上了解了自己未来的命运；一些人是从局域网上查看到哪些人要走，哪些人会留下；一些人则仅仅收到了一封三行字的解雇邮件；甚至还有老板从高尔夫球场发短信解雇员工。这些做法让当事人很难接受，他们觉得尊严受到了践踏。这种经历会让员工终生难忘。

裁员是一件让各个方面都倍感压力的事情。每一次员工的离开都会对公司的关系网产生影响，我们需要认真观察公司领导如何对待离职的员工。他们是否表达出了对员工过去积极努力工作的尊重？上司是否表现出自己的感情，还是过分冷静客观？他们是否摆出那些毫无说服力的理由进行解释？他们是否无端地指责离职的员工，为公司的裁员措施进行辩护？如果员工主动辞职，那么领导是否会向他们泼脏水？公平地对待离职的员工会自动增加在职员工的忠诚度。

如果员工认为公司已经不值得他们为之努力奋斗，怎么能指望他们会竭尽全力为客户服务呢？如果公司领导公开地争权夺势，如果老板到处宣扬自己员工的表现非常糟糕，员工还会表现出忠诚吗？如果公司持续地使员工感到很失望，员工是否还会对公司抱以忠诚？如果公司希望收获忠诚，就必须从最高领导开始积极地培养并促进忠诚的形成。忠诚的星星之火必须由上至下传遍公司，因为员工都是以领导为榜样的。

不忠诚以及员工频繁流动的后果

一名猎头曾经对我说："我对一些公司完全是无计可施，然而还有一些公司，员工离职后会觉得很开心。"如果你的公司属于前者，那么就要恭喜你了。员工离职会造成高额的人员流动成本，你计算过这些吗？此外，员工离职还会导致专业知识外流到竞争对手那里，造成自己公司知识经验的暂时短缺；客户关系也会深受影响，甚至会毁掉已经建立的客户关系。

有些员工在情感上已经疏远，但人还留在公司，这种情况的成本会更高。公司很少会计算这些所谓的"软因素"成本，审计人员一般也会忽略这些情况。然而工作被动、内心不忠的员工是公司利润的最大敌人，这一点是毋庸置疑的。他们虽然人还在公司，但内心早就开始了逃亡。他们不仅经常请病假、办事懒散，而且还不可靠、工作上漫不经心。这样工作就很容易出错，以这种方式造成的产能损失保守估计大约为20％。这样的员工不停地抱怨，给周围人造成了消极的影响，降低了周围同事的工作效率，这部分损失估计也有10％左右。

不忠诚的员工也不会遵守公司的保密原则，他们经常背后嚼舌，议论公司的服务差、员工没能力、哪些人将会被辞退。那些好事之徒也喜欢听这些闲话，有的是出于好奇，有的是为了避免损失，有的是为了在其他场合卖弄，还有的人为了赢得加分。灰心失望的员工不再消极被动地工作，而是重重地予以回击。他们的目标是报复他们遭受的不公待遇。我们的大脑始终要达到一个平衡状态，专业术语叫做内环境动态平衡。

如果这种情况没能得到很好地处理，那些愤怒的员工就会采取措施报复他们的老板：他们说谎欺骗，背后使坏，将自己变成一个复仇天使。他们不需要通过工会和仲裁委员会，网络形式更有效。他们利用论坛和博客大肆发泄自己对企业氛围和公司管理层阴谋诡计的不满。网络的相关规定也无法阻止失望的员工在网络上口无遮拦，所以公司也要计算这些诽谤带来的损失。这种方式不仅吓退了潜在的应聘者，也让有购买意愿的客户望而却步。

灰心丧气的（前）员工利用论坛和博客大肆发泄自己对企业氛围和公司管理层阴谋诡计的不满。

离职成本

如果不忠诚的员工真的离开了公司，那将是一种毁灭性打击。他们会带走大量的敏感信息。他们不仅会将这些信息透露给竞争对手，还会将其转给其他秘密渠道。被激怒的 IT 工程师会让公司的网络崩溃，或者植入电脑病毒，这些都不是新鲜事儿了。

但是忠诚与不忠之间的界限是什么呢？很简单：如果一个人在自己的空闲时间需要因为公事查看邮件，那么他就有理由在上班时间为自己的私事上网浏览。人们如何看待公司财产呢？人们做事的原则是什么？偷了公司的一支圆珠笔就是犯错？还是只有破坏、背叛和不忠才算是严重的行为？根据 2012 年瑞士人力资源调查显示，13％的受访者承认偶尔偷窃公司的财物，23％的受访者曾将公司的保密信息透露给没有知情权的人。

保险行业有专门的忠诚保证保险针对由员工的不法行为导致的公司内部的物品丢失、费用增加，或者公司资金被贪污等情况。根据警方估计，德国每年因员工欺诈给公司造成的财产损失约为 30 亿欧元。Hermes 信用保险公司仔细研究了 9 000 件忠诚保证保险理赔案件，并对作案人的年龄、性别和入职时间进行统计，得出结论称，三分之二的作案人为男性，三分之一是女性；人们入职时间越长，不忠的可能性就越小。

很多公司对客户、合作伙伴和供货商都缺乏忠诚，这也是造成这些错误行为的原因。其他人受到欺骗、蒙受损失时，员工们只能袖手旁观，或者也被迫卷入其中，就连餐饮行业的培训生都被迫参与这样的“小把戏”。调解 IT 业争端的法院评审人马蒂亚斯·乌里希在《经理人杂志》（*Manager Magazin*）中写道，看到公司如何欺骗客户是一件“恐怖的事情”。这本杂志刊发了名为“犯罪现场：办公室”的文章，总结了各行各业的大量欺诈事例。外部什么样，内部就会什么样；上面怎么做，下面就跟着怎么做，我只能这么评价。如果公司通过一些非法手段赢得了市场份额，那么自己的员工也会依此行事。

管理层只有一次机会表明正确的道德行为，请仔细考虑自己的领导方式。如果一个人得不到积极的评价、关注、认可和尊重，他们经历的只有冷漠、屈辱和失望，那么他们最终会变成一颗定时炸弹。缺乏公平、亲密关系，以及由于不停的调整导致联系缺失是最容易产生危险的原因。

忠诚冲突

当客户投诉的时候，一个员工说道：“哎呀，这件事根本不算糟糕，如果您知道我们这里还有……”她满不在乎地接着讲其他内部事情。团队讨论时，有人质疑某一决定的可行性，部门经理会说：“我是一直反对的，但是上面想要这么做。”然后又讲了一些高层会议讨论的龌龊细节。这两个人都表现出了忠诚冲突。他们撇清了自己的责任，将矛头指向了其他人。

忠诚冲突产生于三个层面：

- 内省的忠诚冲突：与自己的内心之间
- 水平的忠诚冲突：与同事之间

- 垂直的忠诚冲突：上下级之间

领导也面临这三个层面的忠诚问题。他们首先要回答的一个问题就是，他们忠诚的对象是什么？高层领导？股东？公司？对员工的责任？还是自己的内心？如果这些发生了冲突要如何处理？忠诚一方面是原则性问题，另一方面也非常具体。如果上司将一个不受欢迎的管理决策传达给员工，领导应该作何反应？如果这个决策遭到员工的集体反对，作为领导应该如何应对？

忠诚冲突主要出现在公开场合。男性领导者更希望员工与自己保持紧密联系。如果一个员工在会上公开反对自己的领导，证明领导的看法是错误的，那么他就要担心自己的工作不保了。如果一个员工为了实现目的越级上报，同样是一个问题。自己阵营的人同情“部门公敌”也是很糟糕的事情。这些情况几乎等同于叛国。女性领导会研究这些有关忠诚的事情，因为她们在意这件事情，她们并不热衷于争权夺利和装腔作势。

除了业绩层面以外，权力层面也要求忠诚。每个人都知道老板犯了错误，但是没有人敢说出来，因此就会出现高达几百万元的灾难性损失。医院里没有人指出主刀医生的错误，有人就可能因此送命。副驾驶不敢反驳机长的决定，飞机就可能因此而坠毁。的确，被误解的忠诚通常会导致极为严重的后果。巨大的灾难经常始于细节。当今的现实中已经找不到神话中尼伯龙根式的无限忠诚了。我们需要一种加入自己思考的平等的忠诚，因为人们必须在必要的情况下说出自己的看法，这才是为公司着想。

> 人们需要的不是尼伯龙根式的无限忠诚，而是加入自己思考的平等的忠诚。

很可惜现在的情况恰恰相反，在揭露欺诈行径之后，陷入两难境地的往往是“泄密者”，而不是真正的始作俑者，尤其当“泄密者”是小人物，而“被抓现行”的人是大领导时。现在人们把这种“泄密者”叫做“揭发者”。这与打小报告没有任何关系，因为揭发者揭露的是无法容忍的错误行为、严重的弊端和违法行径。他为了大众的利益考虑，以自己的身家性命去冒险，我对这种公民勇气深表敬意。为了阻止罪恶、避免损失，公司的责任就是保护这些绝对忠诚的员工。公司应该在内部和外部设立可靠的人，在必要情况下为员工提供帮助。

总而言之，首先要界定公司范围内忠诚的概念，以及如何建立这种忠诚。你可以发起讨论，忠诚对每个人都意味着什么，尤其是涉及特殊的信任关系的时候，例如为了保证双方的利益，领导与助理之间必须确定忠诚的界限。大家更要共同努力在公司营造出一种忠诚文化。因为忠诚是一个组织高效运转的基础，有着忠诚文化的组织，其中的每一个人都会发挥自己最大的积极性，更重要的是，他们心甘情愿，而不是被迫而为之。

12

员工积极性：新型激励

积极性是一种有吸引力的内在动力，鼓励人们做一些有必要、有意义、有趣或者有挑战性的事情，能够调动人们的积极性。如果涉及员工表现和公司业绩，那么调动积极性似乎是起决定作用的方面。相关文献不断强调调动员工积极性的重要性，人们也在细致地进行这方面研究。50%的老板在打击员工积极性，只有三分之一的老板推行一种促进员工发展的企业文化，这一结果来自合益咨询集团 2013 年全球调查（Internationale Hay-Befragung）。形成这种局面的主要原因是什么？根据合益集团董事局成员托马斯·格鲁勒的解释，大部分公司仍然推行直接的领导方式，上司希望下属不打折扣地执行自己的指示。“完全实行直接领导方式是员工创造性和独创精神的毒药，它会杀死所有的积极性。”

盖洛普研究所（Gallup Institut）每年公布的调查结果也会让经理人感到吃惊，调查结果显示，员工积极性一直非常低迷，甚至连续几年都没有增长。无论是真正的专家，还是自封的专家都在激烈地争论，积极性是受内在因素还是外在因素影响，也就是说积极性来自一个人的内心，还是受外部刺激。一些人极力支持外部积极性的说法，并引用相关研究结果论证这些行为；而另一些人则一直持反对意见，同时也提出相应的研究证明自己的观点，双方分为两个阵营。那么真相是什么？

寻找内在积极性

“调动所有的积极性就是打击积极性。”这句话出自赖因哈德·施普伦格，即使我们向他学了很多，但是这句常被引用的名言还是充满争议。老板们通常参加过研修班后就开始不加思考地照本宣科。“我们不打击积极性就已经够了。”他们也跟着这么说。如果我们问一下相关群体的看法呢？

大多数员工最大的愿望是经常得到老板真诚而尊重的赞扬。实际情况是什么呢？达石调查对1 500名员工进行调查，其中42%的受访者表示，他们很少因为工作成绩受到表扬。14%的受访员工从未得到认可。只有16%的员工认为自己的成绩得到了相应的尊重。仅有3%的受访者表示，缺乏赞扬并不会妨碍他们的工作。

“从神经生物学的核心角度来解释，促使员工们工作的动力就是得到直接或间接的认可。”神经生物学家、心理治疗师和医生约阿希姆·鲍尔这样写道。同时，“金钱并不等同于社会认可、尊重和良好的工作氛围，这些因素可以激励人们发挥核心积极性，迸发出创造性。”

人们可以用很多办法调动员工积极性：可以是鼓励、振奋，也可以是安慰和鼓舞。调动积极性可以通过肯定、鼓掌和赞赏的方式表达出来，也可以伪装成巧妙或愚蠢的赞扬，还可以包含情感和金钱的奖励，为善良或者邪恶的目的服务。

> 多巴胺是积极性的最大提升者。

大脑通常就是积极性最大的指挥官。强大的大脑结构和生物化学反应过程不间断地刺激着我们，使我们谨慎地避免令人不快的事情，积极地开始愉快的事情。我们祖先的大脑都非常擅长这件事情，我们也遗传了这一特征。生物学家称之为进化过程。我们在取得成绩、完成工作、克服挑战后会不断得到奖赏：这种自然界发明出来的最甜蜜的“毒药”就是多巴胺。多巴胺是欣喜若狂，是欢喜鼓舞，是纯粹的幸福。

多巴胺还会与其他的大脑物质共同作用，刺激产生工作乐趣、勇气和效率。此外，多巴胺还能刺激免疫系统，避免大批员工因为生病而不能工作。瑞士社会学家约翰内斯·西格里斯特也证明，如果工作带来的尊重与其产生的疲劳之间失去平衡，人们很容易出现健康问题。在目标管理中推行认可谈话也是一个好办法。一些公司已经开始引入“赞扬日”的办法：每个星期五的10点钟——将赞扬提到议事日程！但是，如果赞扬成了一种义务，反而会给员工带来痛苦的回忆，结果适得其反。

多巴胺会因为时机和不同类型的人而产生不同的分泌量。决定我们努力奋斗还是放手不管的因素也因人而异，并不是每个人天生都具有强大的内在积极性。人们内心通常非常积极，只是偶尔需要一点鼓励。如果从外部坚持积极鼓励，这会对员工的积极性有所帮助。人们都知道积极性会创造体育成绩的奇迹。另一方面，也要抑制过分的鼓励，这样可以避免灾难。

外在积极性

有些人只有在掌声响起来的时候才会达到最佳竞技状态。这样的人可能是公司的领导者，可能出现在聚光灯下的舞台上，也可能站在体育场的冠军领奖台上。他们的人生目标就是成为重要媒体的头版头条，他们希望获得掌声、欢呼和崇拜，他们洋洋得意地沐浴在公众赞叹的目光中。如果失去了这种关注，他们的才能就会痛苦地凋零。这时多巴胺就像一台强有力的蒸汽机，全力地激励着这些人。

我们将这种类型的人称为阿尔法人格，他们非常关注成绩，讲话声调高亢，通常使用第一人称，追求效率，有着很强的执行力。他们表现得傲慢、果断、自信、强硬。对他们来说，软弱无能的本意就是失去权力，这会让他们心烦意乱。他们想要掌控一切。他们的情感能力很差，而更关注事实，他们只有一个目标：升职！他们展开斗争，渴望胜利，希望将尽可能多的人踩在脚下，招徕俯首称臣的员工。人们可以从很多小地方看出整个公司都在维护着他们的虚荣心。我将其称为“崇拜项目”。他们憎恶其他的偶像，喜欢将员工看作“装饰材料”，鄙视那些有着些许抵抗的人。他们阻碍了所有员工的发展，因为只有他们自己的观点会受到重视，其他的优秀想法都无关紧要。如果他们的计划出现偏差，整个公司就会走向万劫不复的深渊。

对于“阿尔法们”来说，竞争就像一台永不疲倦的涡轮机。很可惜他们都忽略了一点，并不是每个人都像他们一样运转。他们不希望任何人超越自己获得晋升，所以他们尽力羞辱其他人，指出他人的缺点和不足。他们完全不懂得夸赞和认可。不久前还有一个人对我说：“我的员工什么事情都做不好，我应该怎么夸他们啊？”

如果出现了错误，他们首先要做的就是找出责任人，并当众惩罚。因此，这些“阿尔法们”周围虽然也有英雄，但主要还是一群消极的人，最多只能完成普通的工作。所以我要给出一个建议：如果一定要排出名次，只需排出前三名，而不要都列出来，这样人们就看不到排名垫底的人。每个人都知道排名倒数意味着颜面扫地，而“阿尔法们”就需要这样令人不快的胜利。

内在积极性

有自我掌控力的人不需要外部鼓励的星星之火，因为他们自身的积极性就像一团熊熊烈火。他们小时候就已经不需要别人的鼓励了。好奇、冒险精神、乐观主义和无忧无虑是他们的特点。他们喜欢实验，注重解决问题，简单灵活，宽容而且富有创造性。他们是天生的乐天派，有着某种天生的快乐能力。这类人的大脑高速运转，他们追求变化，对生活满不在乎。他们追求先锋精神、创新和乐趣，也喜欢无法预计的风险和混乱。他们没有耐心、反复无常、不知疲倦、不可信赖。对于比较安静的同事来说，他们就显得相当聒噪。

他们有预见性，能够改变他人的看法，也可以治愈别人的伤痛，还可以俘获人心。他们始终承载着热情的信号。他们的热情洋溢甚至可以让疲惫的战士情绪高涨。一杯含有多巴胺的荷尔蒙鸡尾酒就会让他们热情饱满。多巴胺可以创造生命活力，并维持较高的能量水平，也会提供更多的机会。这会使我们充满进取精神，精力充沛，勇往直前，并且满怀胜利信心。如果这时再加上一些外在的激励，人们就会超越自己以往的成绩。然而大脑的控制中心在这种情况下会降低效率，因此过量的刺激也是非常危险的。能够紧急刹车才能保证生命安全。人们有时需要这种自我控制。

总而言之，受多巴胺操控的人就像骏马一样，有时突然产生了一个想法，立刻就会脱颖而出。很可惜他们经常会忽视这一点：并不是每个人都具备他们那样的天赋。更糟的是，他们根本没有意识到很多人完全就跟不上他们的节奏。对于他们来说很容易的事情会让其他人感到焦虑不安，甚至放弃，这也是他们没有认识到的一点。

混合型积极性

这种人缺少推动力和意志力，他们倾向于悲观主义、自哀自怜、黏液质，而且缺乏适应性，某些人的表现甚至接近抑郁症。为了实现高速运转，这些人需要外部的鼓励。虽然我们每个人都需要鼓励与认同，但这却是这一类人的基本需求。原则上，他们希望能够以自己力所能及的事情为荣，他们同样也能做好很多事情。他们非常值得信赖，对他人关怀备至，坚忍严谨。

但是他们缺乏自信，不断受到自我怀疑的困扰，因此经常无法表现出内心所想。碰到做决定的时刻，他们往往表现得谨慎而犹豫。既定的生活和熟悉的环境会给予他们安全感。他们喜欢按部就班的工作和些许的认可。突如其来的表扬和鼓励会让他们变得多疑，公众的掌声会让他们尴尬。

某些公司领导只尊敬那些贡献突出的员工，他们往往会忘记那些中下层普通员工的表现。然而恰恰是那些缺乏自信的员工才更需要定期的适当表扬。对于那些安静内向、天资平平的人，这样的表扬就是灵丹妙药，可以帮助他们鼓起勇气，取得更大成就。如果老板能够尊重他们的成绩，但并不表现出过分的热情，他们会报以小小的英雄壮举，而这样的壮举会极大地促进客户的利益。

掌握适度原则

公司领导必须理解不同的激励类型结构，这样才能有针对性地激发员工的积极性。其他人的反馈是我们获取自我身份认证的前提条件，因此我们不断要求周围环境对自己的行为做出反应。积极或者消极的反应都会造成影响，导致人们继续或者停止他们表现出来的行为。这与内在和外在积极性的比例无关：员工（几乎）从来不会仅仅为了自己而努力，他们也为周围的人而工作，同时也为了他们的老板。他们希望老板不仅看到他们的成绩，也会尊重他们的努力。如果老板没有做出反应，那么员工就开始左右摇摆，一会儿试试这样，一会儿试试那样，他们只是想要得到老板的反馈，但是结果往往事与愿违。另一种情况就是员工开始彻底地消极怠工，因为努力必须得到赞扬，否则大脑就会立刻启动省电模式。

人们总是在两个层面上理解赞扬和批评：事实层面和关系层面。“老板（不）重视我的工作”也意味着“他（不）赏识我”。关系部分可以相互抵消。培训师海德鲁姆·弗希克在专业杂志《经理人》（*Manager Seminare*）的一篇文章中这样写道：“人们可以想象一个关系账户。每次赞扬都是一次存款，而每次批评则是一次取款。如果账户出现赤字，那么关系层面就会受阻。在这种情况下，即使是建设性的批评意见也会被看作人身攻击。”因此，她给公司领导层的建议是“三比一”：“如果你提出一次批评意见后会给出三次表扬，那么还会拥有足够的‘储备金’。”要时常提醒自己放下挑错的放大镜，换上赞赏的心态。如果你找寻优秀，就会发现优秀。当然，一味地使用赞扬也是行不通的，这会导致人们对赞扬习以为常，奖励体系就无法推行下去。

作家丹尼尔·平克在《驱动力》(*Drive*) 一书中写道：“根据任务的不同，奖励这种激励方式也会产生不同的结果。”他将任务分为规则性工作和探索性工作。前者是简单的日常工作，可以用示范性的办法解决。“如果—那么”奖励（“如果你在明天前……那么……”）这时就会起作用，因为这种奖励办法关注工作的结果。但是这种方式会使人们产生依赖性，因此需要不断加以解释。探索性任务更复杂。人们先要找到一个适合的解决办法。在这种情况下，事先许诺的奖励就会起到反作用，因为这会禁锢他们的视角，从而限制创造性思维。另外，这还会打消人们的内在积极性，或者误导他们做出错误的行为，因为赢得奖励成了真正的目标。因此，“因为—那么”奖励（“因为项目成功完成，那么……”）在这种情况下更有意义，这样的奖励不期而至，在任务完成后才会得到。这时内容的反馈比金钱更有价值。

> “如果—那么”奖励办法并不适用于所有情况。

行为经济学家丹·艾瑞里的研究也得出了类似的结果。他在测试中用金钱作为成绩奖励，小额奖励绝对是一种激励，而数额较大的奖励则明显干扰测试，因为参与者担心失败会造成金钱损失，因此就被困住了手脚。在另一项测试中参与人员被分为三个小组，每个小组都要从写满字的纸上标出特定的字母。第一组参与者需要将名字写在每张纸上。只要完成一张纸就将其交给测试组长，组长会从上到下检查，点头表示认可，然后摞成一叠。这个小组平均完成 9 张。第二组参与者不签名字，测试组长将完成的纸放在一边不看。这一组平均提交 6.8 张。在第三组中，组长完全不看就将填好的纸直接丢进碎纸机。这一组平均完成 6.3 张。一点点的情感认可就会带来这么大的鼓励，这的确让人非常惊讶。

美国科学家卡罗尔·德韦克研究了不同类型的表扬，得出以下结论：如果人们因为自己的聪明才智受到表扬，那么为了不辜负大家的期望，他们随后就会回避高难度的任务。然而如果人们因为自身的努力而得到夸奖，那么他们在接下来的工作中就会更加努力。

欧洲经济研究中心（ZEW）的实验表明，如果一个工作组的三个核心人员受到表扬，那么这个小组就会受到鼓励，明显提高工作效率。只有一个人受到表扬则不会带来提升。表扬所有人很容易提高小组的产能。对几个业绩冠军表示赞赏可以明显激励这个小组的工作。表扬的方式始终是决定性因素。而且有一点是确定的，比触点管理以及公司的成功更重要的是员工希望做出成绩，并且愿意为之努力，实现这一目标的必要前提就是切合实际的鼓励方式。我们下面就看一下激励员工兴趣的五个重要因素。

员工对业绩的兴趣从何而来

根据行为生物学家菲利克斯·冯·库伯的观点，我们人类并不是以享乐为目标，而是为了取得成绩。相信人类天生懒惰理论的人也许会非常吃惊，因为他们想到的都是不把业绩当回事儿的人。然而的确存在一些因素，可以激励人们对成绩产生兴趣、激发员工积极性以及最终创造优秀成绩。这些激励因素是：

- 意义
- 尊重
- 信任
- 鼓励
- 联系

图 8 用直观的方式表达了这 5 种因素在领导（深灰色）和员工（浅灰色）心中的不同激励作用，0～10 的分值代表从最不重要到最重要。

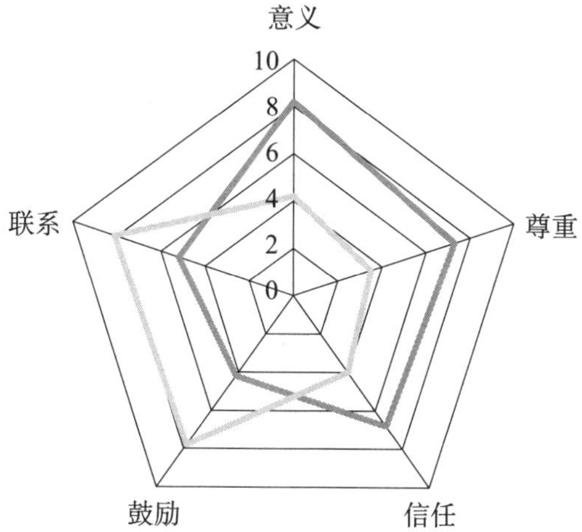

图 8 领导和员工对激励因素的打分

赋予工作一定的意义

如果你要求员工努力，那么你就要赋予工作一定的意义，因为人们努力工作是为了产生一些影响。如果有能力的员工能够完成一些具体的工作，并感受到自己的重要性，那么他们就会感受到工作的意义以及与此相关的幸福体验。我们都希望以自己的努力为社会做出贡献，非常担心自己会碌碌无为地虚度一生。人们都希望在自己能力的范围内不断进步。

为此，员工们不断需要新的任务，不管是进入全新的领域，还是接受更困难的工作，他们可以将自己的创造力、专注力和奉献精神贡献给这些新任务。他们需要较高而且有意义的目标以及对其工作质量的反馈意见。他们用这种方式探索未知领域，将未知变为已知。这会为我们创造一种掌控一切的安全感，同样会让我们拥有良好的感觉。还有一点：

亲身参与的经历会支撑人们继续努力下去。

> 为了能够经受住考验，以自己为荣，也为了得到关注与认可，我们需要有意义的挑战。

如果缺少有意义的挑战，我们就不能经受住考验，也无法以自己为荣，更不能得到周围人宝贵的关注和认可。只有我们为一件事情做出了贡献，我们的激励体系才会全速前进。每一次学习成绩的取得都会激发我们奖励系统中的一点幸福感，而得来全不费工夫的事情不会带来片刻的幸福。挑战可以激励人们。

如果我们将自己展现为一个有价值的组织成员，并且做出了有价值有意义的工作，还能够不断提高自己的工作，那么我们就在进化的道路上前进了一步。短暂的压力并不会产生消极影响，相反会让我们进入一种最佳竞技状态。为此获得的奖励是一针强心剂，这是一种超越自我的崇高感受。这种感受并不局限于体力工人，甚至更加适用于脑力工作者：灵光乍现和创造力都会产生多巴胺，它会继续激活大脑，使人们产生创造更多成绩的意愿，从而生成上百万个高效率的神经元，将所学内容网络化。

如果领导希望自己的员工做出较大的成就，最好用这样的办法。不断给员工提出新挑战，用恰当的方法委派员工工作。对员工提出高的要求，并促使员工们不断超越自我。与失败的威胁相比，提出目标激励员工的方法更有效。持续的沮丧心情会让人们失去斗志，因为多巴胺会逐渐消失。

只有自由的人才能独立决定。如果人们觉得自己就是无名小卒，那么他们就会报以软弱无能的反应。他人拥有话语权，自身毫无权力可言，这会让我们看轻自己。反之，如果能够切实得到活动空间，员工们就会活跃起来，开始独立自主地工作。活动空间是职业生活的领地。和动物一样，每个人也需要一块自己的领地，一片让自己感觉安全舒服的地盘。

我们每个人都是独一无二的个体，生来就具有强烈的欲望，希望有意义地生活，而不是沦为棋子任人摆布。意义与鼓励是相伴而生的。鼓励具有欢快外向、最大化的特点，而意义则代表一种内在的独立沉稳的状态。意义既没有最大化的压力，也没有内在的竞争对手。意义处于一种自足的状态，让我们获得自由。

互联网原住民中的精英们不断地追寻自我，使外部影响力降到最低。他们希望感受到自身的影响力，而不是让他人决定自己的命运，成为他人的玩物。他们早已习惯了独立自主的生活，不会屈从于任何压力。他们不断自问，自己做的事情是否有意义。未来的工作首先要实现一点：通过自我决定获得自我实现和意义。

展现尊重

获得并给予关注、尊重与好感是所有人类激励的核心。如果人们完全没有机会获得社会关注，那么他们的激励体系就会关闭；相反，如果加入了认可与关爱，他们的激励体系就会活跃起来。有意义的工作、对个人的赏识、互相尊重，以及针对不同情况给予认可，是促使员工努力工作并且取得出色成绩的决定性因素。这不仅会给人们带来舒服的感受，还会阻止卑鄙、骚扰和否定这些消极的攻击形式。海克・布鲁赫是圣加仑大学领导与人力资源管理研究所的所长，她给出了自己的经验之谈：如果一个组织的员工能够感受到尊重，那么这个组织的职业倦怠比例会降到很低的水平。

因此，尊重是领导层应该持之以恒进行的工作。尊重有多种表现方式：感谢、友好的目光交流、饶有兴致的倾听、善意的点头、同情的微笑、和蔼的请求、诚挚的道歉、好学的提问。员工希望老板看到他们的专业性，同时也以人性化的方式对待他们。

责骂会让人感受到贬低，而赏识则会让人感受到尊重。如果人们得不到关心，即使是最伟大的人也会感到自卑。极其重视、赞赏的关注和雷鸣般的掌声就像氧气一样，可以急速地推动人们取得成绩。菲利克斯・冯・库伯补充道：“如果人们因为一项成绩再次得到赞赏，这就相当于一次额外的鼓励，他们下次还会全力以赴。”这种关注的反面则是恐吓、侮辱和轻视，更糟糕的是敷衍了事的假意表扬、言语或非言语的蔑视。所有这些都会将努力的欲望扼杀在萌芽状态。

尊重是一种最强烈的激励方式。我们始终渴望作为个人和专业人才得到尊重，我们希望得到的并不是金钱。正如我们所见，外部的认可会激发高级经理人和有才能员工的工作热情。我们最赏识的人往往最迫切需要我们的重视。得不到重视，他们会特别伤心。如果出现了这种情况，赞赏就会转化为不满。爱恨交织的情绪一旦出现，就可能产生恶意报复的现象。我们会用恶意的诽谤来报复那些不肯给予我们关注的人。贬低别人的人往往是以此抬高自己，这一点毫无疑问。

“尊重”这个词包含着珍视的含义。你要告诉周围的人，他们体现出了什么样的价值，或者说他们是多么珍贵。尊重自己和其他人是领导的关键。获得尊重的人会发生改变，而尊重他人的人可以引领人们所向无敌。如果你非常重视并尊重客户和员工，那么你就拥有了成功经营的基础。

构建信任

人们希望互相信任，也必须互相信任。在现今这个关系松散的时代，可以经受住考验的关系的基础就是信任，它的意义不断增强。按照社会学家尼克拉斯·卢曼的说法，处理复杂性的唯一机会就是信任。领导层主要通过邮件与员工交流，因为人们可以通过虚拟空间克服距离的障碍，在这种情况下人们主要靠信任联系在一起。如果人们没有时间或者能力去调查一件事情，那么信赖就是最好的黏合剂。现在人们通过互联网和陌生人做生意，同样也是建立在信任的基础上。

信任提升速度，它的反面就是死板的控制，这只会拖慢进程。正是因为这个原因，官僚主义和等级制度只能作毫无希望的挣扎，它们在争夺未来的竞赛中必定失败。信任使企业充满创造力，反应迅速，并且运转良好，因为创新和有建树的改进过程需

> 信任使企业充满创造力，反应迅速，运转良好。

要知识的交流。员工只有在彼此信任的情况下才会分享自己的知识。多特蒙德技术大学的组织心理学家米歇尔·卡斯特尔预测："高效运作团队的最佳工作状态的核心前提主要是自由交流的知识和最大限度的信任。"只有在信任的文化中人们才能取得巨大成就。

信任是相互的，如果你信任我，那么我也信任你。然而就像付出与收获一样，信任循环也是从付出信任开始。一个人信任其他人，其他人也会对他回以信任。如果一切运转正常，双方的信任会逐渐增加。敢于迈出信任第一步的人就已经战胜了担心自己蒙受损失的恐惧，表现出了自信心。信任别人的人也值得他人信任。相反，如果一个人非常多疑，那么他周围的人也会对他表现出怀疑。

信任当然只能出现在没有担心的环境中。老子曾经说过："信不足焉，有不信焉。"猜疑的文化中弥漫着不安、疑心和胆怯的情绪。这种情绪一旦广泛传播，一场自保的"军备竞赛"就此开始。这时人们看任何人都像敌人，感觉到处隐藏着坏人，处处都要留心谨慎。如果人们想要提高工作环境的质量，就应该勇敢地迈出信任的一步。莱恩哈特·施普伦格写道："如果我们小心翼翼地监视其他人，那么我们最终也会监视自己，因为为他人筑起的围墙也会围住自己。"

信任他人并非没有风险，因此需要我们拿出勇气。我的意思并不是天真幼稚和盲目信任。聪明人会警醒地信任他人。博弈论分析告诉我们，如果一个人首先对一段关系进行信任投资，并且随后始终遵照对手的做法，那么他会拥有一段非常成功的合作经历。这也意味着，信任越多，感觉受到欺骗后的敌意也就越大。信任是一朵娇嫩的花，需要时间慢慢绽放，却能在瞬间被摧毁。恩斯特·费斯塔说过："失去的信任永远也找不回来。"

信任意味着敢于踏入全新的领域。人们逐步接近对方，同时都没有让对方失望，这时就会产生信任。我们摸索前行，只是为了找到值得托付信任的人。我们也会考验其他人。最后，亲密发展为信任，接触、谈话、合作和积极的成果共同构成了信任，好感也会增加信任。保留意见、隐秘监控和小屋会谈这些背后的小动作则会摧毁信任。

增加信任的行为	摧毁信任的行为
言行一致	言而无信
遵守承诺	不守承诺
坦诚的交流	沉默、谎言、算计
坦率和可信	不专心、不正直
在交往中的公正与尊重	背后说坏话
可信与好感	捉摸不透、厌恶
相信能力与意志力	猜疑、隐秘的监控
认可做出的成绩	不断挑毛病、威胁
承认自己的错误	掩饰自己的错误
惩罚破坏信任的行为	容忍破坏信任的行为

如果想要得到信任，那么首先要做一个值得信任的人。信任的合作形式是从较强的一方即领导方面开始。他们首先为信任做出表率，员工随之也表现出信任，并且不破坏信任关系。然而，人们还是非常担心信任被滥用，因此要保留必要的担心，而不是让善心大行其道。能够和员工亲密无间地工作是一种很棒的感觉，所以我们要保护信任。如果出现了破坏信任的行为，就应该毫不妥协地加以谴责。

信任的构建过程由很多小的板块组成，例如可靠坦率、清晰透明、诚实公正、可信以及遵守承诺。如果不值得信任就不会有信任。我们需要对缺乏透明度的事情坚决地加以披露。积极的经验会增加友善的信任储备金，甚至可以使我们经受住一再的失望。信任的发展过程虽然漫长，但非常值得我们进行投资。强硬的监控也有成本，而且花费的不只是时间和金钱，主要会消耗员工的热情和努力。信任也需要几条原则，主要是自负责任和自我监控的个人发展空间。

鼓励热情

抒情诗人约瑟夫·冯·艾兴多夫曾经说过：“有激励者的地方就是世

界之巅。”希望员工百分之百努力的老板必须学会激发他们的热情。能够激发员工热情的通常是一些小事，但可以引发他们的情感共鸣。热情也会原谅一些小失误，因为兴奋的人看什么都是美好的，有点儿像刚刚坠入爱河的人，他们只看到好的一面，往往会忽略一些小缺点。

每一种员工关系的感情都是起伏不定的，在深深的恐惧与无拘的热情之间不断摇摆。因此人们经常问到的一个核心问题就是：员工对我们到底有什么期望？以及我们如何在各种情况下（始终明显地）超出他们的期望？我们如何确定自己的猜测是正确的？员工会评价所有内部触点的情况，这就是他们感受到的现实。所以将期望与真正获得的成绩进行对比之后，人们就会表现出失望、满意或者振奋。

员工的期望由公司对自己的评价和其他人对公司的评价组成。就业市场上的竞争者就是测量标杆，但是期望主要还是来自自己的内在想象。思想的地图由我们的经验构成，不断更新，并且我们会进行重新评价。这是一个完全无意识的过程。产生经验的回忆从来都与现实不会完全相符。经验会受到积极或消极情绪的渲染，喜爱和厌恶以及选择性的感受都会影响人们的经验。我们的大脑会根据具体情况寻找看起来适合的材料来填补记忆空白，所以两个人讲述相同的事情可能会出现截然不同的说法。

个人期望与主观评价对比的结果与自身的要求水平有关，也受当时情绪的影响。如果一个人心情好，就会宽容一些小错误。如果碰上对方不顺心，那么无论怎么努力也不会得到夸奖。在这种状况下，我们的大脑就会想到最糟糕的情况，因此你必须始终遵守承诺。只有满足员工的期望才有可能激发他们的热情。为了激发他们的热情，你必须超越他们的期望，否则积极维持的期望水平很快就会转化为失望。

最后再提供一点建议：激发员工热情的因素很快就会失效，因为人们会习惯他们的生活状态，所以要不断想出新的、不同的、出人意料的独创方法。这样员工就不会产生“理所应当”的心态。大量的想法是必要前提，此外还需要有创新性。我们在第三部分还会继续探讨这一话题。

促进联系

自从人类的祖先从树上下来，开始直立行走，周围的一切就都围绕着集体生活展开。对于我们来说，得到一个组织的承认有着至关重要的意义，被排除在组织之外是最悲惨的经历。单枪匹马的我们都是弱小的，而团结就会让我们强大起来。最不幸的就是那些任何人对其都无所求的人，他们既没人关心，也没人需要。成为一个组织有价值、受尊重的成员会给我们带来安全感。社会隔离是最严厉的惩罚之一。这会让人充满敌意，或者被沮丧情绪包围。社会孤立会造成镇定激素——血清素的指标下降，最终导致大脑功能瘫痪，婴儿会因此死亡。

人们都自私自利，只关心自己的利益，这是一种迷信的看法。理查德·道金斯在 1976 年出版了名著《自私的基因》（*Das Egoistische Gen*），这本书使他声名鹊起，也极大地推动了人是自私的这种观点的传播。然而，近几年有越来越多神经生物学研究著作问世，揭示了人们身上舍己为人的本质。《社会大脑》（*Social Brain*）就是其中之一。我在这里总结一下这些观点：人们的主要目标并不是自私和竞争，而是关照和实现人与人之间的关系。如果人们合作，大脑中的奖励体系就会做出积极反应。

> 如果我们合作，大脑中的奖励体系就会做出积极反应。

然而周围环境在这时发挥着重要作用。斯坦福大学的社会心理学家李·罗斯在《哈佛商业经理人》中介绍了他的实验。他将实验参与者分成两个完全相同的小组，其中一个小组玩大众游戏，另一组则被告知他们在玩华尔街游戏，利己主义会得到奖励。实际上两个小组玩的是相同的游戏，只是名字不同而已。在大众游戏中，70％的参与者自始至终保持合作，而华尔街游戏中则有 70％的参与者没有合作。所以只是名称的不同就会影响 40％的参与者，而且开始还表现得很自私的参与者后来也在协作的游戏形式中变得乐于合作。

因此主张内部竞争的人错过了本可以通过合作产生的70%的潜在力量。形成“我们”的概念并为之欢欣鼓舞远比个人英雄主义的胜利更让人振奋。在后一种情况中，虽然小部分人取得了成功，但是大部分人都会沦为失败者。失败者聚集的地方总是弥漫着嫉妒和羡慕的情绪，尖酸刻薄、阴谋诡计和诋毁中伤就层出不穷，就连作为整体的公司也会遭受损失。如果人们互相敌对，就会在关键时刻落井下石，自己的想法也不会与人分享，结果就是更大的产能损失。

发展这种传统输赢模式的人似乎永远只看到所得，而不去考虑损失。既然协作如此重要，那么所有人就应该打破部门界限，设定共同的目标，然后一起努力，团队激励和双赢模式就更适合。激励的方式源自共同实现的结果，而不是通过冷冰冰的数字。

> 成功的企业不仅为员工提供一种身份认同，也使他们实现了自我提升。

人们都希望能够以自己选择的阵营为荣，因为自己也会跟着沾光。我们承认自己的阵营，并以此与其他人区分开来。成功的企业不仅为员工提供一种身份认同，也会使他们实现自我提升。男性似乎比女性更看重这种公开表明自己所属组织的做法。

完美的“我们”概念由哪些因素组成？这与员工工作的模式完全无关，包括以下方面：

- 可以庆祝的成功
- 显示从属性的标识
- 将人们联系在一起的仪式
- 故事、神话、传说
- 通过公众得到的感受

贡特尔·沃尔夫在《员工情感联系》（*Mitarbeiterbindung*）一书中讲述了一个成功的例子。建筑连锁店欧倍德的区域经销商负责人要求员工们不要在午休时间换掉工作服。起初还有几个人有意见，但大家最终还是这么做了。谁愿意被孤立呢？很快就有人和这个团队搭话，征求专业意见，所以他们被看作一个整体。有人拍了一张照片并发到自己的脸书网主页上："真棒，我们几乎都在这里，整个店都变成了橙色。"这支橙色军团光顾过的餐馆的服务人员都到欧倍德店里买东西。那些听取了专业建议的人也来到店里。大家都争相吸引客人光顾欧倍德市场，甚至还出现了一次竞赛。

是的，强大的"我们"的概念产生于共同的经历、有计划的结果以及因为公司而形成的自豪感。员工会通过积极的描述将这些事情传播出去。因此，员工不仅能够吸引有价值的应聘者，还会增强客户的忠诚性，因为员工忠诚与客户忠诚相互联系。如果没有忠诚的员工，那么忠诚的客户也很快都会离开，积极的信息员就彻底找不到了。

13
员工的新角色

一名员工在自己的博客中详细地评论了新的生产主管，新主管自称几个星期后会入职。然而这件事情还有一个问题，因为工作关系还在老东家那里，所以他还没有被正式介绍给同事。无论是无意为之，还是有意爆料，新媒体很容易犯这种草率的错误。如今每个人都有可能成为公司的“发言人”。过去，记者总是躲在公司后门偷听心直口快的员工的无心之言，或者是期待公司高层出现纰漏。而现在，人们只需浏览网络上的喋喋不休就会得到惊喜的信息。

借助辞藻华丽的招聘广告和装帧精美的公司简介来装点门面的时代已经一去不复返了。每个企业在互联网这个大舞台上都是一丝不挂。赤身裸体的人就应该有好身材。现在，公司的内部生活会受到毫不留情的批判，失望的员工会在网上大吐苦水。在这种情况下，维护公司形象就显得至关重要。网上口碑不好的公司在未来优秀人才的争夺战中将会空手而归，或者它们必须摆出高昂的薪水筹码。只有精心维护员工的

> 每位员工都在做公关，这件事情已经不由公司控制了。

企业才不需要为此担忧。

无处不在的公众监督

过去，大多数企业都推行一种声音的政策。公司发言人的职责就是代表公司给出答复，勤劳的公关部门认真地推敲答复的每一个字。然而，公关部门主宰话语权的时代早已过去了。

- “我们的客服人员总是人手不够。”
- “老板反正只关心我们的业绩。”
- “如果继续这样，我们很快就会破产了。”

如今，企业员工在火车上都可以公开发表看法。

喜欢这样做的人会比以往任何时候都更容易接触更广泛的群体，而且不会受到控制。他们可以使用无限广阔的数字媒体，积极和消极的言论都会飞速地传播开来。公司中互联网原住民越多，这种效果表现得就越明显。这也是让人喜忧参半的事情。

从积极方面来看，每一个员工都可能成为企业事务的信息员、支持者和发表意见者。在可行的情况下，员工可以以“公司宣传员”的身份增强企业的品牌效应，这比任何公开的宣传都可信。品牌专家卡尔斯腾·基里安在《营销经济》（*Absatzwirtschaft*）的一篇文章中解释说：“只有员工深刻地理解了企业价值并且产生了对这个品牌的情感联系，他们才能有效地帮助品牌获得成功。”

即使组织成员不愿（被）当作传话筒，他们也可以在企业以外提供服务。你可以组织一次研讨会让大家集思广益。可口可乐公司就开展过一个公开的品牌信息员项目，鼓励员工以自己的言行支持公司。例如，员工可以留意各个商店中是否销售可口可乐产品，产品摆放是否井然有序。汉高公司的最新调查结果告诉我们员工支持品牌的行为有多大的作用。根据他们的调查结果，一个公司品牌的成功 63.5％要归功于大众媒体，31.5％源自与品牌相关的员工行为。

一家电信公司的财务总监在股东大会上介绍，公司应该用什么方法炒掉超员而且不干活的员工。这个人没有意识到，他所说的都被录下来了。视频被上传到 YouTube，引发了员工的愤怒。媒体进行了详尽的报道，这家公司的形象严重受损，这位发表不当言论的总监也引咎辞职。

老板比员工更重要，他们代表着公司的形象，而且始终受到人们的关注。公司管理者正确或者错误的态度会严重影响公司形象和营业额，最近出现了很多这样的情况。这意味着，领导应该以正直、谦逊的形象代表公司的利益，不断努力增强自己的外在影响力，保持与员工的联系。

A&F 公司就深切地感受到了如今公众对傲慢的低容忍度。公司投入大量广告资金将自己的品牌定位在美女和富人阶层。公司的首席执行官迈克·杰弗瑞斯傲慢地宣称，他只想看到年轻、苗条、漂亮的人穿着自己品牌的衣服。因此公司不会将残次品送到社会救济部门，而是直接销毁掉。这种做法打击了大多数人。作家格里格·卡博在视频中呼吁民众不要将 A&F 的旧衣服送给穷人，应该让这个品牌成为“流浪汉服饰之首”。他的 YouTube 视频很快就获得了将近 800 万次的点击量。结果就是民众的抵制和高达两位数的营业额损失，2013 年上半年利润损失达到 33%。越来越多的人明显表现出对傲慢和区别对待的憎恶和不满。

最有说服力的宣传员

员工在自己的生活中一直充当公司宣传员的角色。他们早已不只是代表个人，而是作为公司的一部分。就在几年前这种宣传角色还只限于家庭成员、邻居和朋友间。口头宣传也只存在于可见的范围内。一些宣传虽然有所耳闻，但难以眼见。由于人的记忆力有限，所以这种宣传很快就会被遗忘。现在人们可以和全世界分享他们对自己公司的看法。互联网的内容也会永久保存。

因此，公司无论是现在还是未来都要有力地证明自己的确是优秀的。如果不是企业自己宣称，而是由备受鼓舞的员工来证明，宣传就会达到最佳效果。第三方给出的证明永远会为信任加分。他们的推荐、提示和建议听起来非常可信，很容易获得人们的支持。真实的员工看法的力量远远超过虚假的公司宣传口号。

2013 年达石企业品牌调查采访了来自 8 个欧洲国家的 6 000 名受访者，其中 81%的受访者表示相信亲人和朋友的建议，将近 65%的受访者相信媒体报道的信息，但只有 22%的受访者相信社交媒体中企业的说法。所以花大价钱去做广告宣传毫无意义，因为这根本就不起作用。相反，让内部的公关部门积极地加入公司品牌宣传则是明智之举，这样可以使优秀的倡议通过媒体进行宣传。根据达石调查的结果，830 家受访企业中只有 3%的企业这样做。

粉丝级员工：积极的推荐者

除了努力和忠诚，积极的推荐就是企业从员工那里得到的最有价值的品质了。舆观心理调查公司（YouGov Psychonomics AG）的一项调查问题是："我会向朋友和熟人传达我的雇主的积极信息。"仅有 49%的德国员工赞同上面的说法。如果涉及公司的产品和服务，也只有 56%的员工表示推荐。顶级公司在以上两项问卷中分别得到超过 90%的员工支持。这告诉我们，只有人们百分之百地确信一件事情，他们才会推荐给别人。因为人们的每一次推荐既可能交朋友，也可能树敌人。口头宣传需要出色的表达能力和热情。推荐还需要信任，因为每一次推荐都是在拿自己的名声做赌注。

> 人们只会推荐有价值的公司。

因此，人们只会推荐有价值的公司。人们只有得到了值得一谈的东西，他们才会积极地发表意见。推荐需要使用最高级的形容词，中等水平是不值得推荐的。人们只有在非常满意或者不满意的情况下才会积极地推荐或者排斥。

人们在以下情况下会进行推荐：

- 可以以此彰显自己的个性

- 可以由此表现自己非常酷
- 可以满足自己得到赞赏的渴望
- 可以为其他人谋幸福
- 可以为自己获取内部信息
- 有归属感，觉得自己是组织的一分子
- 参与构建某一过程
- 可以谈论有趣的或者轰动性的话题
- 可以报道一些全新的或者外部信息
- 报道一些有用的或者有价值的信息

一切都很清楚，如果你希望员工在公司以外扮演信息员的角色，那么首先要为他们提供一个良好的工作环境；其次要给他们一些有趣的话题，他们就愿意在自己的社交网络上进行分享。

策划话题

人们很容易接受故事，因为我们的大脑具备形象思维的功能。神经学研究者认为，每一次思维和决定过程都受大脑机制引导。我们最喜欢结局幸福的故事。但说实话，哪些故事是你在走廊、食堂和电话中听到的？哪些是实习生讲的？哪些是外勤人员带来的？领导传递了哪些信息？如果你问门卫，他会告诉你什么信息呢？

员工描绘的画面就是人们将从他们那里得到的画面。所以你讲的故事应该是他们做对外宣传的故事！你要多说成绩，少说问题！积极的形象会让所有人着迷，其中就包括（潜在的）员工和客户。成功的故事激励鼓舞着我们，释放出巨大的能量。人们将其保留下来，继续传扬。你要找一些积极的小话题，开发出让员工引以为荣的内容。有经验的人会创造出一个可以不断使用的话题库。

在话题策略中要让员工传播有用的、重要的和有趣的内容，自我展示要退居次位。主要信息应该具备很高的增加值。公司名称虽然也会出现，但应仅仅是以这些内容的所有者的身份出现。话题的目的是唤起人们的兴趣，增加信任，将目标群体的注意力吸引到公司的品牌上。这时主要考虑使用专业文章、演示、视频、在线研讨会、信息图示和图画等方式，当然也包括讲故事。

坊间流传着比尔·盖茨的故事：他的猎头团队锁定了一个很有前途的年轻人，他学习成绩优秀，课余时间还经营着一家小公司，各种体育运动都有着不俗的成绩，而且热心社会活动。盖茨得知后做了什么？他亲自给年轻人打电话，问他愿不愿意到微软公司工作。没错，神话就是这样产生的。

原创的招聘活动故事同样可以生动地传播。你不妨试一试游击营销！游击营销听起来很可怕，但是这个概念背后隐藏着无限的创意，会带给你各种惊喜。策划周全的游击活动体现了这个词最真实的含义，大胆调皮、吵闹反叛、非常规、有挑衅意味，而且还有病毒式传播性。它们使对话呈现两极分化的趋势，有人喜欢，也有人讨厌，但它们永远是人们谈论的话题。

人力资源部门也可以运用游击策略，以相对较小的投入引起有潜力的应聘者的关注。例如来自汉堡的戎马广告公司（Jung von Matt）凭借辞职日历的创意夺得了戛纳创意节的金狮奖。这个日历设计了 365 封不同的辞职信，你可以用这些辞职信向老板提出辞呈，然后尽快加入戎马的团队。与之竞争的 Scholz & Friends 广告公司与员工们非常喜爱的一家比萨店合作，提出自己的创意。如果有人在这家店预订一个比萨，会得到一个免费的“数字比萨”，这张比萨上有一个用番茄酱画出的二维码，通过这个二维码可以直接得到一份工作。这家公司随后收到了 12 份求职信。这个创意的视频在 YouTube 上获得了 33 000 次点击量。

托马斯·帕塔拉斯生活在我的家乡门兴格拉德巴赫，是一位游击营销专家，他认为：“如果选择了游击策略，那么除了原创和勇气之外，更重要的是不要重复相同的活动，也不要抄袭别人的创意。成功取决于活动引起的惊喜。如果人们把时间浪费在相似的活动上，那么等待他们的会是嘲讽，而不是声望。”口头宣传效应是另一方面。活动信息可以上传到社交网络，并由此进行传播。媒体和博客都是潜在的媒介，公司的员工也可以在他们自己的社交网络中扮演信息员的角色。

提高员工推荐的积极性

即使员工对公司非常满意，他们也不会立刻想到要积极地推荐自己的公司。这就意味着要给他们“打一针”，即鼓励他们在线上和线下积极地支持自己的公司，分享并传播信息。这应该是一个设计巧妙的过程。你可以在这一过程中做些什么？下面是几个例子：

● 系统地收集成功的故事，逐步将这些故事作为“每天一个成功故事”发布在公司内部网络上。

● 在公司内部网络上发布一些成功的员工招聘活动的故事。

● 在每天的例会上先讲一个成功的小故事，让员工将这个故事继续传播开来。

● 利用内部邮件签名下面的空间，宣传每日成功故事。

● 在接待处安装一个数字来宾登记簿，访客和员工可以在合适的平台上写下自己的看法。

● 在接待处、休息室、茶水间和其他地方摆放电视，播放其他人在网络上发表的积极评价。

● 在招聘页面以及其他网页上设置推荐链接。邀请人们转发公司的招聘信息。

● 在公司的网站上设置所有重要网站的社交媒体链接，这样会增强传播效果。

● 公布一些数据，这会告诉人们员工推荐与其他招聘方式相比的优势。

● 要求有微博账户的员工在微博上链接公司的招聘信息。这样所有有意愿的人都可以通过链接了解职位信息。

● 如果公司在网上发布了招聘信息，可以要求员工偶尔发表评论，对报道和职位信息点赞，并分享。

基本原则：将所有的社交媒体活动联系在一起。简化传播方式，鼠标点击一下就够了。

HR 之外的招聘员

最有效的招聘方式不是招聘广告、闪闪发光的宣传册和其他的招聘手段，而是借助热情的粉丝级员工、积极的支持者和可信的推荐人。他们是新旧道路的链接，他们拓路铺石，建立平坦的道路。他们最有说服力，且无用损耗最低，因为他们是非常有针对性地联系某一职位或者团队工作的合适人选。他们不仅免费工作，往往也会取得不错的成效。

为什么会这样？无论是你认识的人，还是网上遇到的陌生人，推荐人都会在可能性的丛林中为你指明方向。他们用信任取代知识的贫乏。他们的“赞”和“踩”简化了我们大脑的工作，缩短了做决定的过程，降低了错误决定的风险，也降低了失望的风险。他们为我们提供安全感，帮助我们节约大量时间。基于以上原因，我们大多数情况下几乎是盲目地听从推介。这种情况不仅出现在客户关系中，在招聘领域中的效果也逐渐增强。

员工推荐的卓越效果

如果人们关注不同的研究，就会清楚地发现，通过推荐招聘的员工一般都是最具价值的员工：他们更快地进入状态，更适合工作，融入角色也更顺利，他们工作得更长久更积极，效率也更高，他们自身也会积极地承担宣传的工作。

各种研究结果也告诉我们：优秀员工的推荐会带来相似的员工，他们同样也具备积极、忠诚、高效的品质。中等水平员工介绍的也是中等水平的人，让人失望的员工也会推荐和他们一样的人。所以首先应该激励优秀人才积极推荐。

下面的问题可以帮助你弄清楚自身的情况：

- 员工推荐可以多大比例满足招聘需求？其他途径比例是多少？
- 员工推荐的人从递交简历到签订合同需要多长时间？其他途径的人需要多长时间？
- 员工推荐的人离职比例有多高？其他途径的人呢？
- 推荐入职的员工招聘成本有多高？通过其他方式招聘的人员呢？
- 经推荐的人员顺利通过试用期的比例有多高？非推荐人员的比例有多高？
- 经推荐的人员工作时间、更换工作频率和其他重要指标如何？非推荐人员呢？
- 经推荐的员工自己也成为积极推荐人的可能性有多大？
- 哪个部门的哪些员工最有可能继续推荐？成功可能性有多大？每次推荐的结果如何？
- 存在性别、文化、地区或者国家的差别吗？不同经营领域或者分支机构之间存在差别吗？原因是什么？
- 什么人或者什么事情最容易被推荐？什么人或者事情得不到推荐？

我们可以借助这样的分析得出成功的模式并推导出具体的措施，这样就可以继续提升目前的推荐量，以及与此相关的应聘者质量。这是未来必经的过程。新时代是社交媒体的时代，企业必须争取最优秀的人才，因此专业的员工推荐管理体系在猎头过程中发挥着重要作用。

这里有一个现实的例子。“人们互相了解。”根据这一口号，汉堡人民银行通过自己的员工来寻找新员工。“请您和潜在的新员工建立联系。如果应聘者签下了工作合同，您就走运了。成功介绍一名员工就可以免费使用汉堡人民银行的迷你敞篷跑车两个月。”这一举措受到了大家的欢迎。员工一般都不愿意把车交回去，因为人们能感受到开着公司汽车的骄傲。对于银行来说，汽车行驶在路上所产生的营销效应也很重要，同时推荐人也会在社交网络上进行宣传。还有一点不要忘记：审计部门也喜欢这项计划，因为他们可以简单地确定成本。这一方式的成效可以通过数据显而易见地体现出来。银行人事部门经理介绍说："我们银行从 2008 年到 2012 年共雇用了 89 名新员工，其中有 18 人是通过推荐计划入职，大约占五分之一。这期间共有 28 人在工作 18 个月左右离职。其中只有一个人是通过推荐计划入职的，她离开的原因是要更换工作城市。经推荐入职的其余 17 名员工都继续在团队中忠诚积极地工作。"

还有一个很棒的附加效果：热情地推荐人选的员工会在工作表现上有很大提升，他们的忠诚度也会不断增加，最终会变成自愿留在公司的粉丝级员工。

如何运作员工推荐项目

标准的推荐项目需要将线上和线下活动联系在一起。通常要制作一份清单，把必要内容解释清楚，另外还要将推荐项目的所有信息上传到公司内部网络。你需要划定应该参加这个项目的目标群体，这样就会避免收到不合适的推荐。要尽可能简化烦琐的书面形式。还可以提供一个小型的"我如何成为有力的推荐者"的培训。建立一个博客，这样员工就有了可以分享经验的平台。设立一位专门的联系人。要实时更新空缺职位，公布正在进行中的推荐。同时定期积极地宣布项目的成果，表扬优秀的推荐人，同时让外部人员加入进来。

2012 年人力资源信息系统中心（CHRIS）对 1 000 家德国中小企业进行调查，78%的受访企业使用员工推荐项目来招聘新员工，15.2%的新员工通过员工推荐项目入职。2013 年 Monster.at 在奥地利的 500 强公司中开展调研，结果显示，80%的企业鼓励员工在自己的社交圈中宣传公司的空缺职位。成功的员工推荐会获得 25%的工资奖励，45.5%的公司为成功推荐的员工提供最高为 500 欧元的金钱或者实物奖励，还有 45.5%的公司奖励金额最高达到 1 000 欧元，其余 9%的企业则设立了更高奖励金额。

金钱能够永远激励内部员工吗？不，当然不会。一家公司悬赏一个月的工资让员工进行推荐，却没有任何结果。原因是什么？因为网上高调标榜的良好企业文化并不存在。并且事实恰恰相反，这家公司的领导文化非常糟糕。谁愿意把自己的朋友拉近火坑？是的，只有值得推荐的公司才会获得推荐。

> 真正的成功推荐的秘诀是自愿。

只有金钱才能鼓励员工的推荐行为吗？显然也不是。真正的成功推荐的秘诀是自愿。如果被推荐者得知其中存在金钱奖励，那么可信度和信赖感就会大打折扣。这还会使得人们仔细地审视一切。人们会因此产生保留态度，最终可能会忽略推荐的建议。

大公无私的建议才是最好的建议，事后的奖励就是另一回事了。克里斯蒂安·埃尔格在《神经领导力》（*Neuroleadership*）这本书中写道："礼物、奖励和好处当然会激励大脑中的奖励体系，但最好的方式是没有事先通知和不期而遇。……实验表明，突如其来的礼物会使员工的效率额外增加 10 个百分点。"这个建议很有帮助。

人们每推荐一位适合的员工都会为公司节约一笔招聘费用，所以公司不要太吝啬。但是不要只想到金钱和代金券。你可以鼓励员工多做推荐，通过积分方式获得更好的奖励；还可以按照被推荐来的员工的工作时间划分等级，让推荐人自由选择非金钱奖励；也可以将诱人的培训机会作为奖励，或者一次有意义的捐赠活动。你要寻找一些金钱买不到的东西：带薪休假、公司停车场第一排的免费停车位、梦幻旅行的抽奖、为所有推荐人举办的庆典。还可以把大老板随机派到推荐人旅行团中，这会给人留下深刻的印象，而且受到鼓励的员工会做出更大的成绩。还是那句话：你要让员工参与到这样的项目中来。

除了奖励和应聘成功以外，还要给推荐人一些反馈意见，让他知道推荐的结果如何。你要表达对他们推荐的人的赏识，例如，可以说："我必须承认，你的朋友是很有趣的人（可爱的/有见识的/……）。"人们特别珍视这些小小的幸福时刻。更重要的是，如果人们收到这样的反馈，他们就觉得应该感谢对方。社会学家称之为互惠效应。这样初次推荐人就会有机会再次成为优秀推荐人。

给老板打分

招聘广告上的一切都很美好："我们这里拥有友善的同事和现代化的工作环境，我们会为您提供丰富多彩的活动以及有竞争力的职业发展空间。"然而如果人们将公司的名称输入雇主评价网站 Kununu，听到的完全是另一种声音："董事会和人力资源经理牺牲员工的利益来优化公司的关键绩效指标考核，这样公司就会获得最大利润。"

2013 年 7 月，某家著名管理咨询公司共收到 286 条评论和 231 993 次点击。员工的平均评价分为 2.63 分。公司负责人给出的分数明显提高了这一分值，因为他们都给出了最高值 5 分。其他管理咨询公司的评价分为 3～4.2 分。如果在谷歌搜索栏中输入公司名称和董事会，搜索结果的第二条就会出现上面的内容。

这并不是个别现象。如果我们在谷歌搜索栏中输入作为雇主的公司名称，那么排在最前面的结果一般都不是这家公司的主页，而是评论和意见网站上的评论内容。人们可以看到，就连搜索引擎也偏爱人们对一家公司发表的看法。有时读到的内容会让人感到震惊。在华丽的主导思想中有意虚构的雄心壮志和真实经历的现实生活之间存在着巨大的差距。就算这些评价存在主观因素，潜在的应聘者也可以事先通过这些雇主评价网站对一家公司的文化进行一些了解。这样就可以简单了解这家公司是否适合自己。

> 评价网站不是心存报复的前员工聚集的组织，它们可以给出有价值的反馈意见。

这些论坛上只有失败者、低收入者和想要报复的离职人员吗？绝对不是。大多数论坛网站已经可以提供较大规模公司的全面的经验报告，这些报告记录了人们的观点，其中就包括领导层应该快速采取什么样的改变。另外，读者们都有着丰富的经验，不容易受到欺骗。评论者的意图和严肃性很快就会显露出来。此外，网站的规则限定了人们的词语选择，例如，评论中不允许提到具体的姓名。

这些只是个人的意见吗？如果意见鲜明而具体，并且能够详细描述评价的方面，那么每一种意见都很有价值。只要人们对此感兴趣，就可以做一些事情。

很多意见都是受人操纵的？优秀的网站都配有安全和监督软件，所有评论在公布之前都要通过审查，之后还要进行人工检查。最后还有一个检举功能，网站可以立刻删除遭到检举的虚假评价。Kununu 的社交媒体经理人塔玛拉·弗拉斯特针对我的询问给出了答复："现在约有 90%的评论符合我们的规定。对于其余的评论，我们现在要求用户按照我们的规定进行调整。其中大部分用户还是愿意听从我们的建议。另外，人们也不要忘记，虚假评论不是长久之计。如果靠吹嘘创造出来的顶级公司无法遵守自己的许诺，失望的员工很快就会将这些事情公之于众。"

人们对雇主评论网站的追捧很快就会偃旗息鼓吗？我对此深表怀疑。Y 一代在相关网站上和其他人分享自己的意见、观点和建议，毫无疑问，这已经成为他们的生活方式。这也是他们得到认可，在自己的社交圈中获取声望的方式。

德国信息与通信行业联盟 Bitkom 在 778 名互联网用户中发起一项民意测验，结果显示，四分之一的用户通过评论网站获取潜在的雇主信息。70%真正打算换工作的人认为，他们在做决定时受到了这些评论的影响。40%的人承认，他们就是因为这些评论才下决心换工作。

如何邀请员工做出积极评论

如果你获得了员工的忠诚和积极性，邀请员工在 Kununu 网站对公司进行评价才有意义。你需要清楚地解释评价的重要性，这会极大地增加成功的概率。我们的大脑喜欢解释，这样我们就知道了为什么要积极行动。例如你可以这样写："我们急需一些新员工，这会补充我们已有的高效团队。优秀人才会事先在网上获取信息，所以您在 Kununu 上的一些积极评价对我们所有人都有帮助。如果您愿意，那么……”接下来可以简要介绍一下如何发表评论，让每个人都能了解整个过程。绝对不能为获得积极评价提供金钱和其他的奖励，这样的事情很快就会传开，人们的愤怒就不可避免了。

这样的呼吁究竟会有什么效果？亨纳尔·柯纳本莱希在他的博客中对安娜·福尔格斯进行采访，后者是位于梅尔布施的美敦力有限责任公司（Medtronic GmbH）的人才招募专家。她在采访中说道：“在发出评价呼吁后的几天内就新增了一百多条新评价，而且我们的评价分值也高于平均水平。因此我们很快就在 Kununu 上找到了一个促使我们的‘内部价值’对外交流的可行的办法……我们可以明显感觉到应聘者在面试时表现出的热情。他们在面试时会提到美敦力的 Kununu 介绍。很多人正是因为这些介绍才来到我们公司应聘。”

公司网络人格的塑造者

如今，每一个员工都是市场上的传话筒、信息员和舆论制造者，对于潜在的应聘者和客户来说，他们决定着雇主的声誉。然而很多员工并没意识到他们无意中的一句话会在网络空间产生什么样的后果。

简单浏览一下 facebook. com 的“我的老板是……”这个话题就能披露很多问题。“我的老板是一个动物爱好者，他每天都会把我们骂成是猪。”这就是一个例子。还有就是：“我的老板是一个大傻冒，前几天他让我给他冲一杯咖啡，我冲完之后在里面狠狠地吐了口唾沫。”人们做出这些表述之后一般都会详细地描述事件的起因。我们暂且不论这么做可能会威胁到自己的工作，这种愚蠢的做法也会将媒体的关注吸引到公司身上。不忠的行为可能会危及一家企业的生存。

社交媒体准则

员工在网络上要言行正确，这是企业的正当权利。所以社交媒体准则在网络中是不可或缺的。这一准则一般包含在社交媒体政策之中。准则是行为规范，它规范了作为企业代表的员工和经理人在社交网络中的行为。这些准则一般是怎么形成的？像以往那样自上而下，领导们在小房间里如法炮制一些准则，然后发个邮件通知员工。这种做法注定会失败，因为社交媒体准则应该和企业一样，都是个性化的产物。

应该如何改善？在触点项目的框架下，由员工们自己制定社交媒体准则。你不用担心，人们最终会得出符合公司利益的结果，而且整体实施过程会更具创造性。这些准则在员工范围内也会获得更高的认可度。还要提前给你一个建议：准则应该简洁明了。规范无法考虑到每一种可能出现的情况。据我的经验，一条最简单的通用原则就是：别做蠢事。用三句话可以通俗地解释为：可以进行内部批判，但仅限于公司内部；秘密就是秘密；个人观点仅限于私下表达。谷歌德国的媒体公关经理斯蒂芬·科伊歇尔对我说："在我们公司，员工可以在社交媒体上谈论谷歌对外公布的所有内容。"另一条有用的原则就是：网络不能解决矛盾。

非常重要的一点是：社交媒体准则不应该只提出禁令或者禁止消极言论。与人们的普遍认识相反，人们展示在数字空间的大多数都是积极的内容。为什么会这样？网络很像一个真实的广场，亲眼所见非常重要，在这种情况下人们都想展示自己最好的一面。对于不熟悉或者不认识的人，大家都想给他们留下一个好印象，这就像真实的生活一样。谁愿意被外人看作吹毛求疵和喜欢唠叨的人呢？的确，网络对某些人来说已经变成了一个公开的忏悔室，但对他们来说，最好展现自己积极的一面。

如果积极方面占据主动，那么人们就应该对其加以利用。如果你希望自己的员工担任信息员的角色，那么就可以具体地解释："公司非常欢迎大家积极投身社交媒体。"重要的是让员工明白，自己是在以公司的名义发表看法。除主导方针以外，一些恰当的例子、法律后果的提示和名词解释也很有帮助。总体来说，主导方针有以下目标：

- 定义策略
- 避免犯错
- 限制风险
- 创造安全
- 描绘禁忌
- 解释法律问题
- 鼓励使用

如果方针政策已经制定完毕，那么就可以开始最重要的一步了：实施。以传阅文件的方式通知肯定是不够的。团队主题讨论、小型研讨会或者一次“数字化的”企业旅行的方式更适合。定期通知和积极的故事都可以避免员工忘记这些准则。用游戏测验的方式对新入职的员工进行培训，可以使他们熟悉这些准则，因为社交媒体始终带有娱乐的特点。此外，公司还需要设立一位联系人，即使员工已经在网络上发表了一些不妥的言论，这位联系人也要保密处理他们的问题。最好由社交媒体经理人来担任联系人。

社交媒体经理人

社交媒体经理人的任务一方面要开发、协调并落实一个企业的社交媒体触点，另一方面要监督、分析并参与构建数字网络中与企业相关的内容。第一步始终是倾听虚拟空间中的对话，并捕捉人们的观点。尤其要关注（潜在的）客户和（离职的）员工在评价网站上的观点。

首先，他们要以适当的非商业性的内容、以记者的敏感度和通情达理的态度结束这些对话。其次，他们还要迅速地对用户的请求做出反应，并回答他们的在线问题。此外还要加入符合目标群体利益的新内容，当然还有符合自身利益的内容、容易整理的故事和重要的内容，这些都可以活跃社区。

注意，人们很容易在这里出差错。2012 年三星（美国）公司在脸书网上的事件就是一个经典例证。三星给粉丝提出了一个似乎很正常的问题："如果你在一个荒岛上只能带一件电子产品，你会带什么?"19 000个回答几乎异口同声地选择了三星的竞争对手苹果手机。2 500次分享和46 000次点赞又让这一事件继续发酵。这说明网络工作也暗藏风险。但是如果我们衡量风险和机会的比例，机会的比例还是大得多。为了解决特殊情况，人们必须准备应急预案。

互联网原住民希望公司在社交网络领域能够表现得专业。企业需要具备创造性、公关人才、敏锐的鉴别力和"厚颜无耻"（约克·布克曼语）。因为网络的速度非常快，好消息和坏消息都像潮水一样在短时间内扩散出去。人们永远不知道自己踢的球在数字空间中会怎样被人带走。这种态势导致在实际工作中无法遵守办事规程，不能走常规的表决程序，因为人们没有时间等待上层的决定。因此社交媒体经理人需要一个无等级的空间，可以不受限制地与任何部门独立进行联系，还需要行动的自由空间。

这里有一个奥利奥的例子，这款蘸着吃的饼干在美国享受着被顶礼膜拜的地位。2013年美国橄榄球超级碗总决赛下半场快要开始的时候，体育场突然停电。当所有观众在黑暗中焦急等待的时候，奥利奥的社交媒体团队迅速做出反应。话题"人们在黑暗中也可以蘸一蘸"上传到推特，黑色饼干正好适合这一话题。将近15 000人次的分享使这一话题在推特上继续传播，5 000人为其点赞。媒体使这个故事广为传播，公关创造了上百万美元的价值。这就是有能力的员工和社交媒体创造出的价值。

> 社交媒体经理人最重要的目标是创造声望。

社交媒体经理人的本质目标是在公众领域、客户群和求职市场上增强企业的声望。他们将"外部"的人和"内部"的人联系起来，是企业和数字社群之间的架桥人和铺路工。

14
互联网+时代的领导者

“如果新人加入我们的团队，首先就要打败他的意志。”这是一位星级大厨的原话。直到不久之前这样的观点还不是个别现象。这样的方法对于那些年轻人才是行不通的，因为他们都是互联网原住民。新的工作环境中人与人之间的关系发生了彻底的改变，因此领导文化也要转变，这样才能带领公司走向未来。太多的管理失误都源自一种过时的极端领导观念，很遗憾这种观念还有很大的市场。

“硬汉”出局

> 优秀的经理人不仅要经营正确，而且要让自己的员工感受到成功。

可惜领导层中始终还有很多有经验的老手，这些喜欢折磨人的“暴君”迷恋权力，不能容忍任何规定的限制。只要结果正确，人们还是经常会容忍这种糟糕的领导方式。这很荒唐，也非常卑鄙。只有经营正确，而且让自己的员工也感受到成功才是优秀的老板。

谢天谢地，这种模拟时代的恐龙级硬汉正面临灭绝的危险，因为社交媒体这颗彗星已经横扫过来。企业文化正在全速更新，一切都在公众的广泛监督之下。在这种状态下，欺骗和谎言都无处藏身。那些牺牲集体利益中饱私囊的人会被毫不留情地钉在耻辱柱上。权力和贪婪的神像也不再受宠，人们最多也就是在私底下还会拜一拜。这样的情况最终也会结束，因为没有人愿意为残暴的人工作，他们这是在自掘坟墓。

这种商务模式最终会流行起来，因为它明确强调，人们不做破坏也可以获得成功。人们可以获得丰厚的利润，同时也会让世界有一些进步。从现在起，只有这样的做法才会受到大家的关注。来自奥格斯堡的女企业家吉娜·特林克瓦尔德说："谁说我一定要聚敛财富？如果每个工作岗位都可以独立经营，我赚的就够了。"

当然也有很多一直在寻找类似道路的经理人。然而在充斥着短视思维、立见成效和利润最大的环境中，他们始终默默无闻。一段时间以来，我认识了越来越多坚定地寻找全新合作方式的经理人。他们对这个燃烧得面目全非的世界感到厌恶，也不想对那些筋疲力尽的员工负责任。他们迫切地寻找不会被烈火波及的道路，或者依靠自身的智慧可以免于焚毁的命运。我特别希望将本书送给这些经理人，因为现在有着完全不同的管理方式，而且我们急需新一代的领导人才。

领导与风格

领导力发展现在是一个流行的话题。大多数活动都计划将（未来的）领导者按照要求培养成变革型、魅力型、有远见、适应性强、全面的、理性的、以价值为导向的或者教练型的经理人。我可以借助宣传这些领导风格的观点近一步解释。

这里必须介绍一些经典学者的理论，首先就是目标管理理论，这一概念出自管理大师彼得·德鲁克。这一理论在 1954 年提出之后就朝着正反两个方向继续发展：

- 第一个方向是积极方面，指的是与员工共同制定目标协议。这些目标定得很高，但是可以实现，每一个员工也都希望实现目标。关注的焦点不在于形式上的目标实现，而是可以实现的成功和独立的工作。

- 第二个方向是消极方面，指的是目标规定。目标制定高得离谱，或者可以随意更改，然后通过领导者向下传达。这些目标实际上无法实现，而且还有非常严格的监督手段，这不仅极大增加了员工的压力，也使这一理论越来越声名狼藉。

公司领导层中当然还有很多迷信绝对权力的人在推行专制管理。他们直接向下发布工作指示。员工需要遵守办事规程，而不能积极思考和主动创造。员工应该像仆人一样听话和顺从。这虽然简化了管理方式，但是我们已经看到，这种做法的危害性很大。这种按照命令和控制原则推行的指令性专制领导风格已经可以排除了。还要再强调一点：如果领导者将员工当作达到目的的工具，或者为了自己的（低）目标将员工工具化，那么人们立刻就应该吊销他们的管理许可证。

这种管理风格的现代版本也没有多大的进步。上层不再通过指示和指导进行管理，而是像前面介绍的那样，像监工和直流式热水器一样管理。巩特·杜特在《全知》（*Omnisophie*）这本书中写道："他们简单地要求结果的特定水平。你必须这样（一切都以数字为标准），销售这么多，这样去研究、传播、节约、解雇、搜集或者收获！我应该怎么做呢？对此你会得到现代经理人的答复：这取决于你。"他们说着起身就走了，急着赶往下一个会议。我称其为"领导型管理"。这和我们观念中的管理人才完全无关。高水平的知识型员工还能适应这种方式，因为这符合他们的要求，而其余的人则会感到非常无助，因为他们缺乏网络和坚实的基础，而且从没学习过这些。

> 领导者必须同时掌握多种领导风格，并且根据不同情况进行应用。

如果不这样，那要怎么做？这要看具体情况，没有一种永远正确的领导风格。销售人员必须根据不同的目标群体调整销售策略，领导者也是一样，他们也要根据员工类型灵活调整。领导者必须同时掌握多种领导风格，并且根据不同情况进行应用。不久前一个人对我说："我们在整个公司确立了一种领导风格。"我们下面就会看到，这种做法一定行不通。

新条件下的领导

"我们的核心工作时间是 11 点到 1 点。"我 25 岁的侄子克里斯托夫对我说，他在一家互联网公司工作。多亏了移动通信技术，按时出现在办公室已经不像几年前那么重要了。僵化的工作结构逐渐瓦解，我们成为数字游牧民族，在迁徙和定居之间转换。我们在寻找与遇见中开发了自己的新天地。我们在电脑游戏这样的虚拟世界中再现这样的场景，而现在高科技装备就是我们的"武器"。但我们毕竟是社会化个体，家庭办公和虚拟网络终究无法满足我们的需求。我们需要在真实世界中实现人与人的交往，因此办公室就是我们的聚集地，我们定期在这里碰面、交流。

亲近会产生亲密关系。经常在一起的人不应该仅仅在一栋办公楼上班，而是尽可能在同一层工作。我们在同一层楼寻找邻居，这也是我们从游牧时代保留的习惯。我们需要自己的空间、明亮温暖的灯光、有意义的道路、交流的环境和圆形的聚集单位，需要休息时可以退回自己的空间、自己可以栖息的角落，当然还要有聊天的时间。

坐在办公桌前接受命令并不能产生创造力，创意在人们思想放松、交流想法的时候才会出现。我们在项目的不同阶段需要不同的空间创意。如果在办公室工作时间减少，而高质量的家庭办公增加，那么公司就要为虚拟会谈创造可能性。公司内部论坛、博客和维基就为员工提供了这种可能，人们即使相距很远也有一种亲近的感觉。

在这种情况下，休闲与工作的结合越来越紧密。"休息期"不再是 5 点钟下班后和周末时光，人们会在适合的时间放松自己。员工既然将自己的私人时间奉献给公司，那么公司就必须将工作时间还给员工。我们的祖先曾经合理地安排工作与生活的节奏，但是这种和谐被工业时代打破。现在我们可以重新建立这种协调的统一体，我将其称为“工作生活统一体”。

米歇尔·巴茨是克雷姆斯高等专业学院“工作新世界”研究项目的负责人，他说：“在奥地利已经有67%的应聘者按照地点和时间独立性的原则来选择工作。”从经济角度考虑，很多员工经常出差的公司都已经取消了办公室，仅使用移动集装箱。如果某一项目的工作小组定期聚会，就会选择这种集装箱。不同文化和国籍的人聚集在一起，团队的成员越来越多元化。

每周工作四天不再是经济危机的信号，而是员工有意识地选择自己的生活方式。每周工作60小时也不一定是为了实现职业目标，也有可能是为了休假提前完成工作量。互联网原住民和互联网难民的工作方式必须协调一致。工作变动非常频繁，这要求员工具备灵活、开放和不竭的动力。员工无法每天都出现在公司，这就要求管理者具备极大的情感沟通能力。

越来越复杂的领导工作

的确，领导现状变得越来越复杂，工作模式也越来越多样化。以下几种方式在企业中同时存在：

- 签订固定劳动合同的员工
- 以短期劳动合同形式与公司合作的员工
- 全职员工
- 兼职员工
- 每天在公司上班的员工
- 只是偶尔出现在公司的员工
- 参与固定团队合作的员工
- 不断更换项目的员工
- 承担艰巨任务的员工

● 以低工资完成常规工作的员工

评论家提姆·柯尔在《企业 2020》(*Unternehmen* 2020)一书中写道:“在未来的工作中,内部和外部的单个个体、工作组和组织单位按照项目和任务结成团队,构成一种短期的虚拟组织。”项目组织能力是一种必备的能力。准确评估所有员工能力的在线分析工具将成为标准配置。工作本身必须重新进行组织。这时企业就需要一种将自组织置于首要位置的领导风格。

因此,责任从“领袖”下放到了个人。从属性在工业时代发挥着自己的作用,那时需要大量工人,他们必须毫无怨言地快速完成相同的操作,按照标准完成任务。上司通过指令做出决定,下属完成指令的工作而无须询问。如果一个人失去了行为能力,那么他就需要别人来照顾他的生活起居。工作岗位的保障换取服从,这就是一个交易。如果这种做法行不通,监护人的实力会不断被削弱,资源也很紧缺,没有人可以保障工作岗位。只有非常简单的工作才需要顺从的被监护人。

新职业更多地与设计、革新、协调和协商相关。这些职业要求敏锐的感觉、情感沟通、直觉和人际理解的知识,这些都是女性大脑占据优势的能力。因此,很多男性在未来的就业市场中处于劣势。经济逐渐摆脱了父权原则的束缚。《易经》这本世界上最古老的智慧书预言道:“阳极必阴。”阳代表男性,阴代表女性。实物和竞争都来自男性原则,而协作与人际关系则是女性原则。我认为,理想状态是将二者的优势结合在一起。生于 1772 年的英国诗人塞缪尔·泰勒·柯勒律治(Samuel Taylor Coleridge)曾断言:“伟大的精神一定是雌雄同体的。”文学教授盖特露德·霍勒号召公司采取“混合的领导方式”。

管理还是领导?

在符合时代精神的企业中很少会出现“带领”(führung)这个词,取而代之的是“领导”(leadership)和“管理”(management),这两个对立的概念常常被用作同义词,但这两个词的意思并不一样。management 与管理相关，而 leadership 则主要与领导相关。在“带领”中，人是焦点，而“管理”则涵盖可以被组织的一切：对进程、结构和标准进行计划、实施与监督。“带领”暗含道德层面的意义，而“管理”则主要体现在经济层面。“带领”发展出一种企业文化，“管理”发展的是策略。领导者首先要具备社交能力，对经理人来说最重要的是技能。毋庸赘言，与多层面的软技能相比，在项目过程中体现的方法能力更容易掌握。但是我们也看到了：人们需要几年时间进行一项专业培训，而一个周末研修班就能完成领导培训!？所以很多老板本身是好心，但并没有做好。领导员工的才能必须经过学习和锻炼才能运用自如。

> 领导者首先要具备社交能力，对经理人来说最重要的是方法能力。

一旦优秀的专业人才被提拔到领导岗位，人们就会说：“只有一点领导工作，您就顺便做吧。”然而领导并不仅体现在专业领域，也表现在关系维护上。的确，过去的老板只需要公布结果、发布命令、负责监管，他们确实不需要对领导工作有那么深入的理解。模拟时代的老板依靠自己“全知”的光环。他们凭借自己的职位可以独立发表见解，决定哪些行为、过程和程序可以实现目标。评价领导好坏的标准就是员工认真执行上层命令的速度。合理化建议会被视作对自己领域的攻击，他们会坚决地予以还击。由玻璃宫殿铸就的权威比任何健康的人类理智都重要。冷漠、顺应和严重的管理失误就是这种顺从文化的结果。然而时代发生了变化，现在的领导者首先要扮演好协调员、主持人、催化剂和实现手段的角色。这一切都要求更多的人性因素。各种合作者在公司中以不同的工作模式进行协作，社交能力就成了最重要的管理技能。投入感情的个性化交谈就是最重要的领导任务。

但是非常遗憾，领导者常常把与员工交谈当作对项目进行管理，而不是像聊天一样真正地交谈。怎么会这样？有一次，我问了一些问题：想象你在和老朋友聊天，比如说谈论德甲联赛的结果，你会列出谈话清单吗？会在谈完的内容后面画个钩吗？会按照谈话的主线坚持到底吗？当然不会！因为良好的交谈就像一段和谐的舞蹈，由相互提问、倾听、设身处地、尊重和回答组成，领导者必须与他的舞伴交流。而谈话的对象也必须想要跳舞，这样整体舞蹈才能和谐流畅。跳舞时当然有一些规定动作，但只有在自选动作中才能得到真正的享受，而且两个人只有在自选动作中才能展现出最美的一面。

而工作范畴的谈话会将一切可能发生的情况都列出清单，用工业化的形式制定出草案。这种完全结构化的领导谈话就演变成了一场审讯。领导力培训师克劳斯·冯·库茨申巴赫认为，男性占主导地位的工作需要规则和明确的结果。他将其称为“说明书上瘾症”。他解释道，如果男人们来到一处让他们不安的地方，他们都必须明确自己的角色，以及自己应该采取什么态度。不安的地方是人们几乎不了解的一个区域，其中隐藏着潜在的风险。风险会是暗地作梗的阴险小人，也可以是失去对局势的掌控。

员工年度谈话特别符合上面提到的情况。有些公司会事先印好20页的表格让双方在谈话之前填写，这真是小题大做！清单列表式的领导将人变成了受外部操控的生物，变成了管理的提线木偶。只要有人拉动相应的线，木偶就开始舞蹈。相反地，善于交际的领导者会走下自己的等级高位，和员工们友善地平等对话，希望向他们学习。美国电力公司杜克能源集团的首席执行官吉姆·罗杰斯称，他们公司会组织“倾听会”，参会人员都要谈到一些棘手的话题。纺织企业Manomama的老板吉娜·特林克瓦尔德补充道：“我们公司的员工有参与发表意见的义务，每个人都必须说出自己的喜好。”

好吧，那些不擅长交际的领导可以借助部分预先规定的话题测定员工的满意度。但我们需要的是热情！这种费尽心思制作的表格虽然可以帮助人们完成预定目标，但还是会错过很多更有价值的内容。循规蹈矩不可能产生创造力，因此知识型员工需要的是灵活性，而不是束缚。

今天的领导功能

每一位领导者都享有思维和行动上的优先权。他们以不同的方式展开自己的管理和领导任务。然而在大部分公司都存在太多的管理，人性化领导的比例太低了。正如我们在上文的员工谈话中看到的那样，即使是最根本的领导任务也被“管理化”了。鉴于日益增强的技术化趋势，这种领导者也成了最大的危险：到处都是技术统治论者和数字至上者的天下，人性关怀则惨遭失败的命运。

企业上层的工作表现同时需要这两个方面：首先是出色的领导，然后是优秀的管理。如果老板先将员工变成自己的“粉丝”，让他们有积极的心态面对共同的未来，他就可以保持一定的灵活性。

现在迫切需要平等对待管理层面的两项核心技能——管理和领导。我们要给予它们同等的尊重，管理来自过去，而领导会引领我们走向未来。人的主题是一切的核心，也是另外两个功能的基础：

- 领导者
- 经理人
- 人

我们由此得出三个中间阶段，这也告诉我们新一代领导者的发展方向（见图 9）：

- 关注客户的领导者
- 促成者
- 催化剂

我们在本书第一部分已经了解了很多现在和未来对管理提出的要求。我们还会在第三部分详细探讨员工领导的广阔层面。

中间层面的管理必须进行创新。未来需要更多的专家和更少的领导者。新的高效员工都是以自组织的形式工作。不断与上司进行协调只会

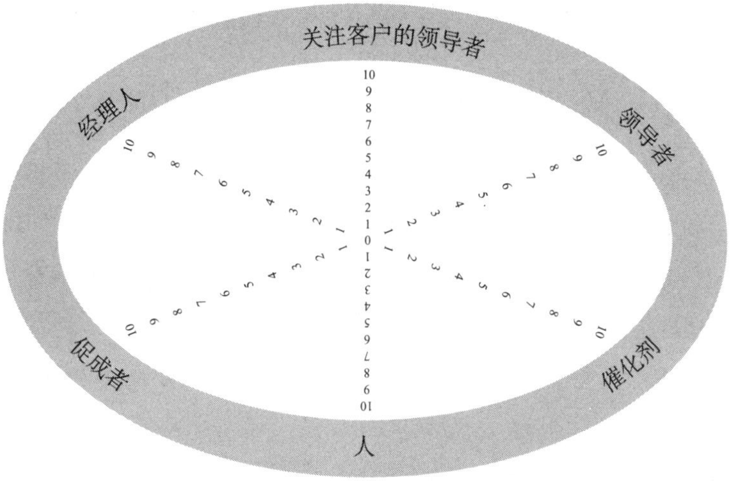

图 9　新工作环境中领导者的功能（数字列指自我和/或外部评价）

妨碍他们的工作。我们以谷歌为例，在产品开发部门中，一个领导者负责 50 名员工，他们分散于各个团队，同时积极参与多个项目。

毫无疑问，如果任何事情都是透明的，那么就不需要发布信息，也就没有什么要核查的东西了。在不久的将来，人力资源管理软件可以全自动地提示员工在什么时间做什么工作。到那时，电脑程序也将完成工作效率监督的工作。所以只有电脑（还）无法胜任的工作才需要领导者，也就是将直觉、人的理解和感情与分析结合在一起的工作。关系工作、情感能力、与大脑相适应的领导等工作的重要性日益增加。2012 年底，加里·哈默尔在《商业周刊》撰文解释道："我们始终需要社会建筑师这类人才。他们能够鼓励员工。"从现在开始，我们迫切需要通情达理的领导人才，以及以客户为导向的领导者、实施者和推动者。巩特·杜特在《专业智慧》这本书中对这种人进行了精彩的描述："这种人希望卓有成效地工作，可以做出引以为傲的成绩。他们喜欢在集体中与他人合作，并为集体做出贡献。他们认为自己是正能量的源泉，甘愿为了集体、他人和自己去冒险。他们为自己的行为承担责任，追求结果。他们努力提高他人的专业性，尽力使他人的才能得以充分发挥。他们不断扩展自己的视野，并且提高自己的能力。他们是普遍繁荣的世界中不断扩张的成功中心。”

亲切友善完胜“扑克脸”

我们首先认可一个人，然后才是他的东西。这条营销智慧也可以运用到领导的日常工作中。员工最希望从老板那里得到的就是亲切友善。尤其在团队成员不经常见面的情况下，给员工带来亲切的、和家一样的感觉就更加重要了。“在远距离领导的情况下，主人的角色就不可避免地落在领导者的头上，因为在员工来到公司碰面、提交工作、协调项目进程或者了解情况的时候，领导者不仅有机会亲自给他们反馈信息，进行深入谈话，更重要的是可以利用这个机会加深集体观念，增强他们对团队和老板的忠诚度。”管理顾问马伦·雷基在《领导力 2.0》(*Leadership*2.0）这本书中这样写道。

是的，好客的主人会热情地关心他的客人，所以客人们还愿意再次光顾。企业内部的现实状况如何？经理们面无表情，都想要表现得非常酷。这很让人吃惊，仿佛感情就是商业世界中的阿喀琉斯之踵[①]。尤其是在会谈中，老板们都喜欢摆出一副冷漠的“扑克脸”。“扑克脸”在打牌时非常重要，但同时也是糟糕的企业文化的罪魁祸首。与员工交流时，冷漠的面孔是致命的。员工想要而且必须了解站在面前的老板，因为自己的命运就掌握在面前的这个人手里。

“扑克脸”经理会攫取人们的能量。他们像吸血鬼一样吸走周围所有人的能量，把人们弄得疲惫不堪。所以“扑克脸”企业的一切都毫无生机。冷漠使人们无法接近、难以捉摸。在这种情况下，怀疑很快就会乘虚而入。缺乏情感信息的空间很快就会出现胡乱猜忌。有些人很擅

> 缺乏情感信息的空间很快就会出现胡乱猜忌。

① 指致命的弱点，要害。

长从毫无意义的小事想象出最糟糕的结果："他没有对我的工作发表意见，他肯定觉得我的工作不好，但又想要保护我，因为他可能认为我过分敏感。或者他想要摆脱我，所以才与我保持距离。"你最好让自己的员工摆脱这种沉重的负担。在工作中表现情感就是不专业的表现？事实正相反！表现感情就像架起指示灯，让每个人都知道前进的方向。

在难以实现的监控面具背后隐藏着自我怀疑与受伤和孤独的深渊。为了避免这种情况继续恶化，我们当然要谈一谈这些话题。但这并不属于员工范围，就这一点来说谈话内容也是有限度的。谈话时肯定不能和员工说自己的私事，或者将企业内部的保密内容告诉员工。暴躁绝不是解决问题的正确方法，因为这首先会伤害到情绪暴躁的人本身。相反，你要平静地让人觉察出你的失望。你可以这么说："很遗憾这么认为。"或者"我在这件事情上很失望。"但千万不能说："你让我很失望。"最后一种说法很伤人，效果也不好。

表达感情容易让我们受伤害，但也让我们获得自由。只有我们有意识地处理自己的感情才能体验真实，而真实又是独立与魅力的前提条件。有勇气表达自己感情的人也一定能鼓励并说服其他人，因为他们唤醒了他人的好感。如果我们喜欢某个人，就一定愿意亲近这个人。企图用冰冷的数字和赤裸的数据来迷惑他人，这种做法不仅非常困难，而且几乎是不可能的。

那么请走出冷漠的感情黑箱子，在商业范围内展现自己的情感。如果人们能够放弃一些自我，就会更容易地走近他人。我们喜欢对自己表示好感的人。还要善于与他人分享自己喜悦和自豪的美好时刻，因为感受到任何一种无害的人际情感共鸣都会刺激我们内在的激励系统。

情感训练小单元

如今，只有傻瓜还相信表现情感是不专业的表现。这种看法源于工业时代，那时人们用 REFA（帝国劳动时间考察委员会）时间测量法来评估工业生产流程，禁止人们在厂房中交谈。那时人们只看到工作时间聊天（可能会）浪费的时间，却没有看到聊天给人们带来的愉悦。神经学早就借助大脑扫描图得出结论：人们在做所有决定时都会投入感情，这甚至是激励因素。如果没有感情，人们就不可能做出理性行为。一切所学的知识也都带有感情印记，积极的印记告诉我们继续前进的方向，消极的印记则提示我们应该如何改善。情感在大脑中永远都享有优先权，而消极情感更占优势，因为消极情感会转化为直接风险，这会危害我们的身体和生命。另一方面，积极情感很容易在人与人之间传递。这是生物遗传的结果。

遗憾的是很多经理人只能模糊地感知自己的感觉，或者无法了解其他人的感觉。经常有人问我如何训练自己走入他人的情感世界。这个过程需要分为两个阶段：首先是观察自己，然后是观察他人。因为只有清楚认识自己的人才能看清楚他人。你可以这样做：

如果你产生了一种模糊的感觉，那么：

- 保留这种感觉并确定感觉的范围
- （大声地）给这种感觉起个名字
- 给这种感觉的强度分级，例如从 1 到 10
- 观察这种感觉对你面部表情的影响
- 观察这种感觉对你身体姿态的影响
- 尝试改变这种感觉
- 尊重尝试的结果
- 诚实面对一切

如果你对其他人产生了一种感觉，那么：

- 认真观察，并在内心探求这种感受
- （小声地）给这种感觉起个名字
- 给这种感觉的强度分级，例如从 1 到 10
- 观察这种感觉对你的对象面部表情的影响
- 观察这种感觉对你的对象身体姿态的影响

- 寻找一个恰当的行为去改变这种感觉
- 尊重尝试的结果
- 对一切保持清醒的认识：你只是进行思考

我刚刚听说麻省理工学院研发了一款名为 MACH 的虚拟演练系统。如果你通过这样的练习增强了自己的敏感度，我们就可以进入下一步，即以适当的方式对待自己的感觉。

你不能再说这样的话了：

- “你现在不那么容易激动了！”
- “你现在不会马上就变得歇斯底里！”
- “你不要这么恼火！”

不要针对感觉，因为感觉就是客观存在。所以下面的表达方式更恰当：

- “我看到这个题目对您触动很大。”
- “我很高兴您对这件事这么投入。”
- “我们都很关心这件事。”

如果人们在团队中不表达自己的观点，可能出现的冲突就会迅速地转移到事件层面，结果就是毫无结果地浪费时间和精力。如果领导者能够展现自己的感情和亲切，那么他的员工也会效仿。人们就可以在理智与情感上接近他们的员工。

价值创造：以客户为导向

一个组织的核心领导者承载着这个企业的文化。在触点企业中，与客户为善的态度开始于最高领导者的态度。“我们会为每个客户的成功做出什么贡献？”CAS 软件公司的首席执行官马丁·胡博施耐德提出了以客户为导向的核心问题。

以客户为导向，意味着将公司的所有资源都集中到关系公司生死存亡的事情上：忠诚的客户和积极的推荐人。这要求：

- 在公司领导层中推行以客户为导向的理念
- 设立以客户为导向的外部条件
- 员工以客户为导向的态度
- 员工以客户为导向的行为

以客户为导向的员工领导方式的定义是：

领导者的任务是创造条件，使员工尽最大努力为客户服务，并且让员工心甘情愿地工作。

以客户为导向的领导者面对的核心问题：

- 我真的关心客户的利益吗？
- 我会定期在谈话中积极地评价客户吗？
- 我如何评论客户对公司的意义？
- 我会定期请员工提出以客户为导向的建议吗？
- 我会明确地做出以客户为导向的榜样吗？

以客户为导向还意味着：不要想当然地认为自己了解客户的需求和利益，而是每天都要在整个公司范围内搜集客户的反馈信息。

Despar连锁超市的董事会成员保罗·克劳茨写道："在意大利北部，我们的大型超市与意大利市场上的传统小商贩进行竞争，他们一直把商品摆在摊位上，也就是说他们始终可以听到客户的声音。所以我也亲自在收银台工作，我在那里听到了顾客在排队时的对话，了解到他们对我们超市的看法，以及我们应该如何改进。没有比这更好的市场调研了。"

- 客户今天问了什么？
- 哪些下意识的行为惹恼了我们的客户？
- 哪些小事情会让我们的客户很开心？

这些问题应该成为领导者交流中的保留问题。

你还可以在电话总机、客服中心以及所有处理投诉意见的地方找到出色的答案。现今也可以在社交网络上寻找解答。

员工能否看到客户关系中的积极方面完全取决于他们在领导那里的所见所闻。积极和消极的行为都会像多米诺骨牌一样从上至下经过所有的等级，一直影响到客户。如果领导者始终把失败的原因归咎于疲软的市场、外部经济形势、需求延迟、竞争对手的诡计或者其他部门糟糕的表现，那么员工很快就会效仿。如果员工不断听到关于“难缠的”客户、牢骚和抱怨的消极故事，那么他们自己的观点也会受到影响。久而久之就会产生“对客户的敌意”。

员工如何看待客户取决于领导者的态度。

赫尔曼·西蒙在《隐形冠军》一书中这样分析，“隐形冠军”成功的本质因素是以客户为导向的理念，这甚至超过了技术的重要性。与大公司相比，“隐形冠军”的员工与客户建立固定联系的数量多达五倍。他们将常年的客户联系视为自己最大的优势。以客户为本是他们企业策略的核心元素。即使是大老板也与客户保持联系，与客户进行实地交谈是他们最大的信息源。

毫无疑问，想要以客户为核心的领导人必须要了解客户，要通过亲身经历，而不是道听途说。与客户的交流应该是管理者优先完成的任务。我并不是说公司的董事长、总经理或者部门经理应该和客户公司中对应的负责人进行联系，也不是指公司周年庆典上的会面。我指的是定期与产品直接使用者或者享受服务的客户进行交流。新媒体为我们提供了多种可能性，要加以利用！

促成者

人们无法要求员工做出优异的成绩，而只能帮助他们实现。出色的工作始终由两部分构成：能力和意愿。因此促成者首先要致力于创造完美的外部条件。他们目标明确、亲切友善，并且善解人意，是成功的孵化器。他们很清楚，领导者的主要目标之一就是促成合作。他们的目标就是创造可以激励员工取得成绩的外部环境，使他们可以充分施展才能。他们也知道，员工和顶级运动员一样，只有在最佳条件下才能创造出优异的成绩。因此他们需要确定每个人的工作动机和才能，明确并清除人际以及组织中的障碍。工作岗位和任务应该适应员工的能力，而不是让员工适应工作。促成者将自己视作潜力开发者，而不是企业策略的执行者。他们将员工看做客户，为他们提供服务。

埃尔文·施穆克是 Spar 贸易连锁企业匈牙利分公司的经理，他对我说："长时间以来，我们国家也在谈论这种专制领导风格。我的任务首先是要信任员工，这会让他们产生自信心。第二步就是促使员工从'必须'转变为'自愿'。如果我们为员工提供施展才能的空间，他们自然会产生更大的热情。一个人的个性就是这样形成的，而个性正是客户非常看重的一点。有一次，我们的员工在布达佩斯的 Interspar 市场上表演尊巴舞，这也让我非常吃惊。客户们非常投入地跟着跳舞，台下响起了雷鸣般的掌声。"

很多领导者还认为他们必须了解一切，凡事都要亲力亲为，他们一定要告诉员工如何工作。人们喜欢将这样的老板叫做"高级办事员"。他们的标志就是微管理，因为他们的自我形象不允许他们放松手中的缰绳。他们过时的工作座右铭就是："只有师傅自己做的事情才是稳妥的。"从语言风格上也能看出这句话的历史。在其他人看来，"师傅"可能不善于合作。即使是最天才的想法也会受到尖锐的批评。事实上呢？事实上他们主要担心失去权力，对内心空虚感到恐惧，或者害怕别人看出他们的弱点。所以他们会清楚地指派任务，而不是委派他人，因为实干家都没有耐心，他们愿意自己做。

管理大师加里·哈默尔说过："如果你限制员工的能力，那么你也降低了鼓励员工去梦想、幻想和产生效益的可能。"他毫无掩饰地表示："没有比管理更没有效率的企业功能了。"因为大量的审批过程延缓了每一次具有现实意义的反应。重要的是："一项决定的意义越重大，对其持怀疑态度的人就越少。"我们姑且不考虑这种"专制的成本"，哈默尔说，结果是："从高高在上的领导层下发的决定在实际中完全不适用。"

与之相反，促成者将大部分决定权交给最有能力的人。促成者只需要知道，如果某人按照自己的专业水平出色地完成工作会产生什么样的意义。他们不需要每件事情都亲力亲为。例如，人们在事后发现，很多（匆忙）招聘的员工并不适合，这会加剧专业人才缺乏的现状。如果当时让那些日后和新员工合作的人参与决定，就会产生事半功倍的效果。这可以事先确定新员工的专业吻合，此外还应该加上人际关系匹配度的评估。选择这位新员工的人也会尽一切努力帮助其融入团队。

> 让员工参与决定，也包括聘任新员工这样的事情。

好感与厌恶在企业人际关系中发挥着重要的作用。研究表明，与那些能力强但很难相处的人相比，人们通常更愿意和能力稍弱但让人有好感的人合作，而且合作的效果也更好。因为无法融入团队，那些难相处的人也无法发挥他们的作用。在是敌是友的抉择中，我们将难相处的人归为敌人，按照这个逻辑，所有关系都变得拘束起来，我们的大脑会完全关闭。即使只是人际关系层面相匹配，也会在实际工作中产生很大的成绩。

员工当然也会犯错误。但如果你可以集中众人的智慧，肯定会做出更多正确的决定。Umentis AG 是美丽的瑞士小城圣加伦的一家软件公司，总经理赫尔曼·阿尔诺茨介绍说："很长时间以来，我们公司就在员工聘任中推行了这种办法。我们公司所有领导岗位的聘任都是通过集体决定。不久前，公司所有员工选举出下一任总经理作为我的继任者。"这并不是个别现象。目前，IT 行业的企业文化、网络化和推动促进工作正在发生着有趣的变化。为什么？因为这个行业不需要与工业时代残存的企业文化进行斗争。

公司当然不需要将每一项决定都交给员工，但其中大部分事务应该由员工来决定。促成者很清楚：如果人们希望员工与企业共同行动，那么首先要让他们站在公司的角度思考问题。促成者为此创造了必要的外部条件：他们准备必要的资源，交出招聘员工所必需的决定权，同时也交出结果所承载的责任。他们知道，出色的成绩只能形成于可能性的空间。创造性需要宽松的空间。压力之下最多只能产生平庸的办法，相反，愉快的氛围则会鼓舞创造性的思维过程。直觉和创造性思维会让我们鼓起勇气走进全新的领域。

安可·席勒就是一个敢于踏足新领域的促进者，她是 Direct Line 保险公司的客服中心经理。“我们认识到，我们客服中心的所有参数都没有切合客户的需求。”所以她放弃了这些方式。她说：“亲爱的同事们，我们只有一个目标，那就是留住客户。”她将其他事情都交给员工去做。她对自己的团队说：“你们必须互相交流，然后自己组织。”她继续解释道，在两年时间内，客户联系增加了 10%，现在已经超过了 90%。

促成者让员工们去做可行的事情。即使开始阶段的工作耗费一些时间，但考虑到整体的结果也是值得的：员工们体验了身为组织中受尊敬的成员的感受，认识到自己工作的意义。他们受到鼓励，认真负责地工作，热情和忠诚度都有很大的提升。他们想出很多可行的办法，最终会产生更好的结果。如果员工积极参与公司的战略项目，并且可以享受到成功带来的好处，他们就会尽一切努力让“自己的孩子”成长并成才。只有这一种方式可以促进互联网原住民的工作。

催化剂

催化剂是领导层中的先知，是灵魂人物、出色的联系人和有创造性的革新者，是人们喜欢的艺术家和朋友。他们热情洋溢，以自己的热情感染他人，激发他人的热情。他们总是轻而易举就可以激发他人的创意，就像化学实验室中的催化剂，加速实验进程，并且可以全身而退。他们不会自己站到台前，而是尽力让员工得到关注。他们将自信、灵活和变革的意愿带入过去那种僵化的体制之中。

催化剂以鼓励的方式进行领导，他们规定框架条件，对工作过程加以引领并给出建议，但并不会提出严格的指令和压力，也不会催促人们工作。个人或者团队仍然承担责任并接受监督。我们经常会听到这样的话："我信任在座的每个人，大家只订购真正需要的物品，所以订购不需要我签字。"即使在经济不景气的时候他们也会呼吁大家："我们不想规定大家如何节约，但各位都知道在预算紧张的时候应该怎么生活。"然后他们会邀请员工们集思广益。数据与软件制造商易安信公司（EMC）就曾经召集上千名员工参加类似的活动，员工们指出了一些不经济的做法，其中大部分都是经理们从未听说过的。

马尔库斯·马克西米利安·霍恩施坦纳是萨尔茨堡 Spar 总部的业务流程经理，他解释说："去年我们将新品牌 Spar Enjoy 打造成为奥地利食品行业中最大的外带食品自有品牌。这里的'打造'有着全新的意义：我们全新研发了所有客户看得到的变化，以及所有有关结构、物流、销售和质量的流程，并将其投入生产。项目开始之后，对于我这个负责人来说最重要的是以自己的热情和积极性使这个项目持续运转下去。只有参与者互相尊重，每个人都获得相应的活动空间才能实现这一目标。如果项目全面实施，并确定了所有的突击方向，那么我可以随时撤出项目，并不会影响这个项目的进展。"

催化剂确定比赛的场地，员工们就可以在这个范围内踢球。场地不能太大，但也不能太小，这取决于任务和员工的类型。他们确定一个方向，提出要求并设法使项目顺利进展。他不断地提供帮助，但只在紧急情况下才会进行干预。改正错误的文化后运作正常，并且定期得到反馈意见，那么项目和决议就可以顺利进行下去。人们可以就以下几点进行讨论：

- 上次事件之后我们取得了什么成果？
- 下一步计划是什么？
- 特别成功的事情是什么？
- 出现了哪些困难？
- 下次如何改善？

所有人的交流都非常顺畅、坦诚而且充满信任。在过去的领导方式中，项目不断陷入停顿，因为人们必须等待上层的指示，而现在则可以快速灵活地采取行动。整体团队可以灵活机动地专注于市场的瞬息万变以及客户的不同愿望。这里包括三个必不可少的重要内容：自负责任、友好协商和信任。

催化剂就是以这种方式支持员工的自组织。他们不会让员工感到焦虑，也不会轻视他们，他们使员工更加强大，可以把自己的全部力量都奉献给公司。他们的团队高效运作。他们知道，要达到这种程度不能仅凭知识和能力，还需要人文关怀和亲切友善。坚持不懈是他们的重要原则，雄心壮志也是必不可少的内容，而且还要让其他人与他们共同成长。

希望有所成就的人要与朋友为伴，而不是与敌人同行。如果你希望员工与客户好好相处，那么就必须善待自己的员工。这一切与“懦夫领导”和温柔策略毫无关系。恰恰相反，只有在有创造力的自由空间中才能产生出色的成绩，因为创造力这一未来的核心资源需要大脑的放松和愉悦。爱与欢笑可以驱散恐惧，忧心忡忡则会让员工形成难以相处的性格，他们最多只能取得一般水平的成绩。

> 为了长期保持最佳成绩，我们首先需要关系建筑师，而不是关注员工表现的数字型领导。

强有力的威慑型领导者，甚至是肆无忌惮的老板更适合过去的商业世界。即使是在今天，他们的行为也还会获得短期的（表面）成功。但是为了确保在未来的新世界长期获得最佳成绩，我们首先需要关系建筑师。能够预见未来的催化剂是企业成功的驱动器，而只关注员工表现的数字型领导则会扼杀成功。为什么？因为他们给员工施加压力，规定极其详尽的工作流程，他们将结果与目标进行细致的对比，不能容忍错误的产生。催化剂则创造一种健康的工作环境，促进自己团队中的自组织。他们赞赏员工的成绩，寄希望于公平、交流和创新。

催化剂拥有极高的情商，他们虽然也会坚定不移地采取强有力的措施，但也会根据自己的社交能力对形势做出更好的估计，什么时候需要采取何种形式。他们不仅代表公司的利益，也拥有良好的人际关系。他们致力于建立关系网，也相应地实现了网络联系。他们使员工们各尽所能，形成一支高效团队。那么高效团队是如何产生的呢？

高效团队使用积极的言语进行交流，而低效团队则充斥着厌恶、批判和讽刺。此外，高效团队倾向于接受外部有价值的意见和新想法，他们也能够听从别人的建议和想法，使团队不断发展进步，而低效团队则抵制外部想法，认为自己的观点是不可超越的顶点。智利心理学家马西亚尔·弗朗西斯科·洛萨达以高效团队为研究对象，得出了以上结论。

催化剂拥有明显的机会视角。他们喜欢未来、一切生动活泼的事物、不断数字化的世界，以及新的观点。他们以开放的态度面对有趣的建议，而且敢于进行新的尝试。大有希望的倡议也会获得他们的赞许。社会学家理查德·佛罗里达的研究表明，创造性人才首先会被吸引到拥有三个 T 的地方——技术（technologie）、才能（talente）、宽容（toleranz）。这就是催化剂的世界。他们创造了一个人才聚集的地方。比如说，这些人才会在谷歌工作。谷歌的创始人谢尔盖·布林（Sergey Brin）和拉里·佩奇（Larry Page）曾说过："我们可以让这些人改变世界。"

催化剂有着出色的营销才能和卓越的客户关系。他们崇尚热情，也散发着热情。他们对工作的热情感染着周围的员工。与权力相比，他们更热爱人。这样魅力四射的领导者不仅可以激励员工，让员工们自愿地工作，也能够体会他人的感受，有着高超的交际手段。人们对他们很有好感，有时甚至是钦佩，也会乐意原谅这样的老板的一点失误。在一家触点公司中，人的重要性超过了催化剂本身。

Das Touchpoint Unternehmen

Mitarbeiterführung in unserer neuen Businesswelt

3

第三部分

商业新世界的领导工具：协作触点管理

15

协作触点管理

企业只有为自己赢得顶级人才的聪明才能和创造力，才能在未来世界中继续生存。市场是无情的，客户也不懂得怜悯，所以在任何一个触点都必须交出让人满意的答卷。即使只有一个环节出现阻滞，或者只有一个员工犯了错误，在今天都可能意味着出局。未来的企业再也不能花费巨资去支持几个高精尖人才。无论是长期员工，还是短期雇用者，无论是内部员工，还是参加项目的外部员工，所有的员工都必须有能力和意愿做出自己的最佳成绩。企业如何做到这一点？通过CTMP®协作触点管理过程。

> 协作触点管理：一个组织内部领导者与员工之间所有接触点的协作。

协作触点管理也可以称为员工触点管理，我将其理解为一个组织内部领导者与员工之间所有接触点的协作。这一过程共分为四个步骤，其目的是提高交流质量，构建激励性的工作条件，在尊重的氛围内为高效工作创造可能性。人们应该利用每一次相互作用的机会提高员工的工作成绩，增强员工与企业之间的情感联系，促使他们对内对外进行有效的口头宣传。

在每一个触点都可能出现增强或者消耗员工关系的事件，都可能提升或者损害员工的积极性。每一个事件都可能起决定性作用。因此我们需要探讨不同的员工类型，以及由此产生的不同行为方式，这样就可以了解他们每个人的工作目的，使每个人都能更好地施展自己的才华。所以人们应该确定并清除企业中人际以及组织结构中阻碍积极性发挥的障碍，员工就可以充分发挥自己的聪明才智。这些细节的积累最终决定一个员工是“不得不”留下来，还是“心甘情愿”地工作，决定他会产生普通价值，还是会创造出色的成绩，也决定了他是留还是走。

协作触点管理关注一个员工穿越企业的“旅程”，并以此为出发点考虑问题。触点管理在这里会考虑现实对新的工作环境的要求。触点管理将日益增长的复杂性纳入整体体系加以考虑。领导团队实现了跨部门的协作，并且考虑到不断出现的变化。所有员工都以客户的利益为己任。因此，深入持久地对每一个触点进行研究不仅会提升员工的表现，也会发掘出他们的潜能。在内部可以实现资源优化，节约时间和成本；对外将增强企业的品牌效应，提升客户的忠诚度，通过宣传赢得更多的客户，持续地获得收益。

在内部触点管理中，必要的措施传达到目标群体比自上而下传达方式更快捷，这是触点管理与传统管理方式的根本区别。人们更多地与组织成员和合作伙伴共同开展工作，所以员工就成了积极的管理顾问。公司可以节省昂贵的顾问费，因为大部分知识就隐藏在企业内部，人们只需要将其发掘出来。

因此我们在下面的解释中优先考虑低层级面的方法和协作过程。

协作触点管理过程（CTMP®）共分为四个步骤，每个步骤包括两个阶段：

1. 分析现状

a. 确定对员工关系重大的触点

b. 站在员工角度记录实际状况

2. 设定目标

a. 站在员工角度定义最佳期望结果

b. 找到合适的行动方式

3. 操作实施

a. 筹划实现期望结果的重要措施

b. 推行适合的措施

4. 监管监控

a. 估计结果

b. 继续优化过程

我们可以借助图 10 解释这一过程：

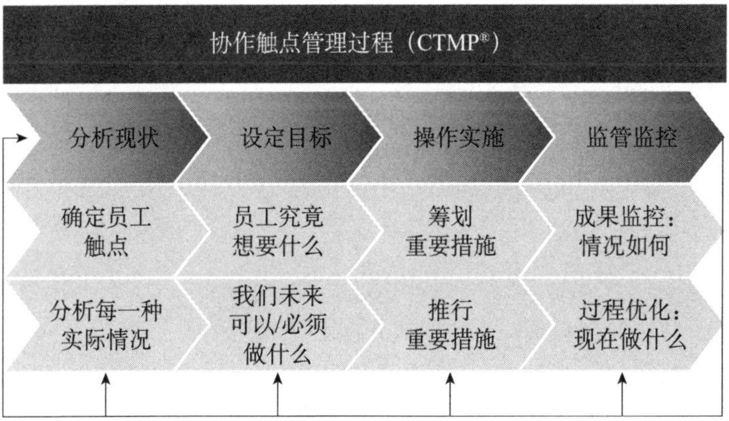

图 10 协作触点管理过程（CTMP®）的四个步骤

第一步首先整理触点，其中包括应聘者与企业之间，以及员工在合作中与领导者之间已有的或者可能建立的所有触点。如果列出了所有的触点，我们就可以将已发生的事实按照失望、可以接受和激励归类。这里涉及一个员工曾经经历过或者可能经历的积极和消极事件。员工通过适当的提问积极参与事件分析。

在第二步中，人们为力求实现的结果下定义，在希望实现优化的接触点为目标员工群体探究合适的行为方式。这里既关系企业文化的基础，也涉及具体的行为，也就是人们希望看到什么，而什么事情最好不要出现。

第三步涉及措施的计划和实施，这些措施可以引导人们将实际结果变为希望得到的结果。很多措施需要由领导者自己掌握，某些措施可以交给触点经理人去做，还有一些措施可以让员工共同构思，比如说通过集体活动。由此可以形成一种“我们的孩子”的效果。管得越少就会得到越多。人们可以选出一个所有人都很关注的主题，或者从一个不太重要的触点开始，也可以选择一个“速赢”主题作为开始，也就是可以产生立竿见影的效果的措施。

第四步是结果监控和领导工作优化。触点管理措施应该对与员工相关的核心数据产生长远的积极影响，例如员工的平均在职时间、员工离职率、病假天数、推荐的意愿和员工产能。

这四个步骤可以作为一个整体加以运用，也可以在需要优化的单个触点上实施。下面我们详细解释每个步骤。

16
第一步：分析现状

在这一步中首先要对所有触点进行跨部门的全面整理，然后记录实际情况。需要观察以下内容：

- 一个员工与组织以及工作岗位外部条件之间的触点；
- 与同事尤其是领导之间产生的相互影响。

整理触点之后会出现重要变化，人们会以员工的视角看待一切事情，并且付出自己的全部情感。所谓的超级触点就会根据员工的情况而形成。在这些触点之间会出现特别集中的交流。这些触点将深入人们的意识，产生持续的影响，在评价中起到关键作用。我们应该非常谨慎地处理这些触点，因为这会对员工的表现、忠诚度和推荐意愿产生很大影响。

厘清内部触点

在分析过程中需要整理出一个（潜在的）员工与公司、在合作过程中与领导之间的所有触点以及可能出现的触点清单。这里也可以将分析集中到个别的员工小组或者领导层。下面是传统的划分方式：

- 来 = 合作开始前的触点
- 留 = 合作过程中的触点
- 走 = 合作结束后的触点

我们可以用图表的形式表现这一顺序（见图 11），理想的方式是将其看作员工穿越公司的旅程，即协作者触点旅程（collaborator touchpoint journey）。和旅行一样，触点旅程也有很多停靠点，人们可以在那里体验很多事情。每一次旅行都可以分为不同的阶段。我们可以将其比喻为一次一日郊游，也就是员工生活中典型的一天。

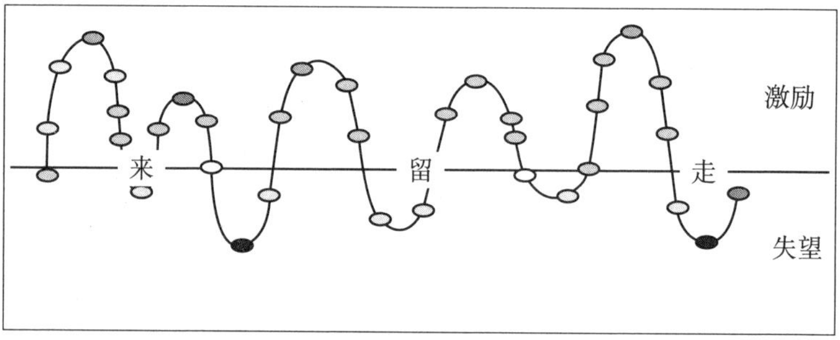

图 11　一个员工穿越公司的“旅行”

通过这种形象的方式我们可以确定单个触点之间可能存在的相互影响，并发现触点之间的协同作用。如果人们按照逻辑顺序安排触点，那么其中的相互作用就会得到优化，同时也会构建一种友好的工作氛围。

员工“旅程”的五个阶段

我们现在必须对传统的“来—留—走”三分法加以扩展，因为就像我们开始讲过的一样，应聘者首先会关注网络上的信息。经常出现的情况是应聘者还没有与公司建立直接联系就会结束这段旅程。而员工以及他们提供的信息在这里起决定性作用。每一段工作关系的开始与结束越来越多地受到触点的影响。这些触点可以让任何一次组织得当的招聘计划获得空前的成功，也可以使其一败涂地。这也有好处，因为高度的透明化可以提供更好的匹配度，最终实现双赢。排名垫底的企业则因为缺乏有能力的员工而出局。

这里有五种类型的触点，或者说人们必须考虑到的五个阶段：

- 影响触点：查询信息的阶段
- 招聘触点：做决定的阶段
- 忠诚性触点：合作的阶段
- 离开触点：解约的阶段
- 影响触点：影响他人的阶段

客户一方也适用于这种阶段划分方式。品牌产品行业出现了一种有趣的划分方式，即支付触点、占有触点和获得触点。这里是指一家企业为自己购买的触点（广告等）、企业拥有的触点（网页等），以及企业通过建立良好的客户联系而获得的触点（评价等）。人们的关注点也从支付触点转移到了获得触点。

增加触点数量——以招聘为例

最近几年员工触点的数量飞速增长，这也得益于不断增强的数字化。这里以招聘为例进行解释。策略性招聘一方面是指长期招聘；另一方面是指分派适合的、有能力、有热情的人短期填补空缺岗位。

在传统时代，找寻合适应聘者的工作所需要的触点不超过六个，而且这些触点实际上都由公司掌握。如果公司没有找到足够的应聘者，就会继续发布招聘广告。应聘者以申请者的身份出现，不问公司实际情况就签下合同。他们经常会被公司蒙蔽，实习期过后，公司当时许诺的肥皂泡就会破灭。对公司感兴趣的人只有通过自己的私人关系才能事先获取这家公司的内幕信息。

> 在员工招聘时，权力从卖方转移到了买方。

现在的企业需要采取完全不同的行为方式，尤其是在招聘顶级人才、有潜力的人和急需的专业人才的时候，因为这些人有很多选择余地。他们只有在网络上认真考察一家公司之后才会去应聘。因此，权力就从卖方转移到了买方。狍子现在也手握猎枪。由此产生了大量的直接招聘触点：

- 公司的人力资源网页
- 不同的求职网站
- 公司的博客
- 脸书的网页
- 在 Xing 和 LinkedIn 建立的招聘网页
- 在推特、Google+、Foursquare 和 Pinterest & Co. 上开展的活动
- 招聘论坛和职业群组中的活动
- You，Audio-Podcasts，Fotostrecken 上的视频
- 在 Kununu 以及其他评价网站上的主页
- 移动招聘、二维码、App
- 在企业和学校举办的招聘活动
- 参加的招聘会、网络招聘会和行业聚会
- 项目交易所、职介网站和职介俱乐部
- 员工和雇主品牌宣传册
- 传统的招聘广告、宣传海报、广播和电影院的宣传

此外还有很多其他的附加触点：

- 人事咨询员、职业介绍部门、执行搜索员
- 以数据为基础的声誉构建工作
- 员工推荐项目
- 积极的应聘者储备
- 人才储备、人才云、人才关系管理
- 积极的寻找工作（在网络中积极寻找应聘者）
- 核查推荐信以及在线信息
- 简历式在线问卷、简历数据库
- 面试、电话面试、视频面试

- 能力测试、性格测试、判断工具
- 计划游戏、评估中心、职业角色分配、招聘游戏
- 体验日、实习工作、工作体验
- 实习协议、学生兼职协议、培训生项目
- 前任项目、校友俱乐部
- 指导本科和硕士论文
- 媒体报道、博客中的编辑文章和专业文章
- 雇主证明信
- 雇主排名和人力资源奖项

现在很多企业都会认真统计触点数量，仅招聘活动一项就已经出现50多个触点。在大多数情况下，最终在招聘活动中发挥决定性作用的是多个触点的结合。就这一点来说，现在已经不能采取一对一的衡量标准，因为人们无法确定哪一个触点最终起决定性作用。借助下面这个问题可以判断最有可能确定起决定性作用的触点："您最初是通过什么途径开始关注我们公司的？"

开展创意招聘

外部分析显示：现在的招聘人员真的需要想出一些新点子。和50年前一样的招聘广告、老一套的文章、空洞无物的套话、人力资源手册的图片，这些过时的手段已经吸引不到任何人了。我们需要通过艺术的形式来推销空缺岗位，像对待客户一样对待应聘者，同时还必须对传统的工作流程提出质疑，颠覆内部的过程，让应聘者真正感觉到自己受到了关注。请不要害怕接触！人们可以从销售人员那里学到很多东西。苏黎世公共交通公司的人力资源经理约克·布克曼对我说："如果销售人员没有完成规定的工作量，那么他们很快就会被炒鱿鱼，但如果人事部门没有完成招聘计划，那么所有的一切都有责任：就业市场、统计数据、地理位置、公司形象。"

布克曼有时也没办法找到足够的应聘者，所以他就大胆地开展了一

系列创意招聘活动。例如苏黎世公共交通公司会这样公布招聘的空缺岗位信息："马尔库斯・阿姆莱因应聘做您的新老板。"或者："公交公司经理汉斯约克・弗伊勒应聘做您的新老板。"现在已经有近百名公司负责人通过招聘视频出镜，向未来的员工做自我介绍。这种让人吃惊的方式非常真实，可以让人们对每一个工作岗位有一个全面的了解。人们如果觉得不合适就不会去应聘，没有人会盲目地应聘。约克・布克曼通过招聘海报找到了驾驶有轨电车的女司机，招聘海报是这样写的："苏黎世公共交通公司为我们的有轨电车驾驶室招聘灵巧的女招待和聪明的面包师傅。"女性员工的比例由此前的19%增加到了40%，提高了一倍。乘客也懂得尊重这些女司机。总体来看，这种招聘方式的成本低于传统的招聘广告。媒体也详细报道了这两次活动。

总体来说，一切通过在线形式进行的"E招聘"在人力资源部门发挥着越来越重要的作用。很多公司都已经转而开始采用这种积极主动的招聘方式。它们一方面搜集有意者的信息，这些人通常都浏览过公司招聘网页和社交媒体网站上公司页面；另一方面也核查有意者在网络中的信息，以便在有需要的时候直接与他们联系（积极招聘）。这一原则就是"以积极检索代替发布信息"。来自招聘软件公司Gild的布拉德・沃加在接受W&V采访时说："我们并不是像图书管理员一样检索，我们在未来要培养与应聘者之间的关系，就像销售人员培养客户关系一样。"

（虚假的）应聘简历的作用已经无关紧要了，重要的是人们通过谷歌得到的信息。较大的人力资源公司会动用整个部门的人力核查应聘者的网上形象。就像拼图一样，数字片段可以还原一个真实的应聘者形象。这个形象不同于所有的应聘简历和毫无说服力的工作证明，是人们很快就会在日常工作中看到的形象。某些应聘者的机会因此会降到最低点，因为他们的网络形象非常差，招聘者认为他们并不适合这份工作。人际交流专家克劳斯・埃克在《透明与可信》（*Transparent und Glaubwürdig*）一书中写道："任何人都很难在网络上进行长达数年的伪装。"

分析单个触点

在分析现状的第二部分我们将解释员工在一个触点的工作和情感经历。一家企业永远地毁掉与员工之间的关系有多种可能，同样也有多种可能将员工变为自己终生的支持者。

分析过程分为三个层面：

- 对公众反馈的分析
- 领导者的自我分析
- 借助员工进行分析

公众的感受发挥着越来越重要的作用，所以我们也从这一点开始分析。

分析公众反馈

如果人们愿意，他们几乎可以知道公司内部发生的所有事情。最好的方式就是关注 wiwi-treff. de 以及那些类似网站的在线社区，查看人们的留言。他们会提出这样的问题：

- 谁知道××公司会在面试中进行什么样的招聘测试?
- ××公司有评估中心吗? 流程是什么?
- 你们公司的实习生工资是多少?
- 销售新手的起薪是多少?
- ××公司的培训生也有员工津贴吗?
- 谁能告诉我××公司的工作时间是如何安排的?
- 你们公司食堂的饭菜怎么样?
- 你们公司的领导怎么和员工打交道?
- 你们在工作入门时有什么经验?

不管公司愿不愿意，总会有一个应聘者、员工或者前任员工会给出合适的答案。至少对于那些较大的组织来说，回答的数量就已经很有代表性了。这些信息都是公开的，任何感兴趣的人都可以检索阅读，所以任何一种雇用关系的最小细节都是透明的。应聘者可以事先充分准备，以最佳的状态应对面试。他们可以及时地回避领导的刁难。每个人都可以提前了解不同岗位的工资水平。

公司负责人也会浏览这些网络对话，他们可以从中了解哪些信息受到关注，人们对什么特别感兴趣，公司在哪些方面有优势，公司应该关注哪些薄弱环节。网络论坛的讨论和前面提到的雇主评价网站的评论会给人们提供更充分的信息。失望的员工在办公室秘密拍摄视频、公开弊端和错误的行为，YouTube 上就有很多这样的视频。

追踪网上流言

网络监控就是对网络中雇主品牌的意见形成进行观察和评价。这是有史以来最好的实时市场调研方式：清楚明了、不加筛选、不加掩饰。

> 网络监控：定期分析人们在网络上发表的对你公司的看法是一项责任。

然而，除了那些积极真实、不那么顺耳、有时让人难以接受的评论之外，还有一些恶意的评论：诽谤、中伤、商业诽谤。企业应该采取法律手段对这些阴谋诡计予以回击，它们也必须这么做。人们只有掌握事件的来龙去脉，才能有针对性地采取措施。所以定期分析人们在网络上发表的对公司的看法是一项责任。这就像阅读商务信件和检查重要数据一样，应该成为日常工作。为了做到这一点，人力资源部门和社交媒体经理人最好紧密合作。

首先要进行数据整理。你需要列出一个相关论坛的清单，然后记下想要观察的概念，其中应该包括公司的名称、公司经理的名字以及重要的专业名词。然后，就可以检查网络上的评价。如果有需要，还可以用相同的方式对员工进行检索。你可以在 Google 设置所谓的警报，这样每天都可以自动获取新增的网络流言。

你可以在互联网上调取相应的数据库，并按照要求操作，这些都是免费的。更好的办法是使用自动倾听，可以使用 Addictomatic 或者 Social Mention 来观察相应的网页。这样就能以最少的时间花费获得最多数量的网页，几乎不会错过任何信息。专业人士还会使用付费的社交媒体分析程序，这些程序借助网络爬虫进行搜索，可以过滤出重要信息。人们可以通过这种方式获得监控的重要数据，例如热点分析（人们谈论我们的哪些方面）、话题（谈论什么内容）、频率（我们作为雇主被谈及的次数）、语气（用户怎么议论我们）。

你接下来要从内容上分析发现的所有数据。你需要认真考虑，从中可以吸取什么教训，单个的触点对你有什么帮助。接下来要给自己提出以下问题：

- 哪些触点获得最高评价？什么最受欢迎？
- 什么地方需要改进？网络上的意见有什么帮助？
- 有什么具体的改进措施？如何实现这些想法？
- 哪些领域的评分最差？有没有可能引起轰动的批评？我们要如何应对？
- 如果你也观察竞争对手：从其他人对竞争对手的评价中我们可以吸取什么教训？

以这些问题的结果为基础制定一份条理清楚的报告。你需要起草一份细致的危机应对计划，以便在危机升级为大规模“反对浪潮”的时候，或者媒体的关注点转移到自己身上时从容应对。如果真正的危机来临，留给你的反应时间不会超过一个小时。

做出适当反应

你得到了消极评价？因为互联网上言论自由，这种情况司空见惯。每一次网络提示都是宝贵的礼物：你可以确定自己的方法正确，也是一次有价值的学习经验，让你有机会发现薄弱环节，改正错误，开始改革，启动创新，避免员工外流。如果一个员工对某事有意见，其他人也可能对此不满。绝不仅仅是爱发牢骚的人才会发表消极评价。建设性的批评者的真正意图是解释糟糕的状况是如何形成的，以及未来需要采取什么措施才能避免这种情况继续发生。因此，你应该将网络上的批判性意见视作自我改善的机会。只有糟糕的雇主才会将其看成麻烦事，优秀的企业家会把这当作免费的实时企业咨询。

在这种情况下，人们始终需要做出适当的反应。要对赞赏你的人表示感谢，同时也需要与抱怨的人取得联系，尽快消除他们的不满。原则是：不要遮掩，不要隐瞒，让事实说话。你要实事求是地礼貌对待这些始终存在的批评意见。如果找不到具体的人，还可以在可能的地方写下适当的评论。但你需要谨慎地做出反应。不要让事态升级，不要威胁恐吓，不要走法律程序，当然也不要开展网络论战。网络上针对一件事情的文章越多，搜索引擎就会给出更多的结果，这个问题就会传播得更广泛。你可以发布一些积极的消息，它们可以取代那些消极的头条新闻。如果运气好，正直的支持者还会帮你解决困难。

你应该劝阻那些发表虚假言论的人，强迫人们发表评论或者公司领导在网上匿名自我表扬的行为也应该受到批判，不要拉选票。这些欺骗的小伎俩早晚会大白于天下。

还有两点需要明确：人们可以对指名道姓的诽谤采取措施，因为这涉及名誉权。如果出现恶劣的诽谤行为，你需要与网站运营商进行协调，采取法律途径解决，这已经是刑事犯罪了。我们将这些长期在网络上搬弄是非的人称为闲逛的人，你可以忽略这些人，但原则是：他们绝对不能是你公司的员工。

领导者的自我分析

每一位领导者的首要任务都是按照时间顺序列出一个自己与员工之间触点的清单：从认识开始，包括整个雇用关系的过程，直至可能出现的离职。你需要分析清单上每一个触点的实际状况。按照以下模式进行分析：

- 什么让人振奋？
- 什么很普通？
- 什么让人失望？

这里需要解释人们今后要做什么，哪些事情可以优化，什么事情以后最好不做，或者需要改进。下面的问题对你很有帮助：

- 哪些事情运转良好？什么时候出现喜悦的时刻？
- 哪些环节出现了棘手的状况？
- 员工在这个触点有什么期待？他们不希望看到什么？
- 怎样可以提高工作效率？
- 如何强化员工的工作动力？
- 哪些环节隐藏着离职的风险？
- 从员工的视角来看，急需采取哪些行动？
- 哪些环节可能危及企业的声誉？

如果你得到积极的答案，就可以将其整理为最重要的成功标准。你很快就会发现固定的模式，可以在今后的工作中有针对性地加以复制。

这样的分析当然也会揭露一些问题，甚至是人们早已熟知的问题。因此必然也要谈到下面的问题：

- 如果（今后）仍然不采取措施会发生什么？
- 什么事情阻碍我/我们采取必要的行动？

只有弄清楚阻碍行动的真正原因，才能采取相应的对策。领导者通常喜欢美化自己的功绩。但是在商业新世界中，详细地阐释薄弱环节更重要，因为每一个“不喜欢”都会被公之于众。大量的无意识行为积累在一起，你将无法激励任何员工，同时也会失去他们的热情和忠诚。潜在的应聘者也会离你而去。

为了有针对性地改善工作效率低的情况，并将其看作一项挑战，人们应该为这一过程取一个响亮的名字。领导专家海克·布鲁赫建议使用“战胜恶龙”或者“冰上救公主”。

此外还有一个有趣的问题：“员工在与我（他的领导）联系之前的5分钟和之后的5分钟在做什么?”在构建与员工为善的工作流程和行为方面，“5分钟技术”会发挥重大作用。

除了自我分析之外，还有一个可以发现单个触点的积极和消极影响的有效方法：询问团队成员，也就是自己的员工。

借助员工进行分析

人们希望从员工那里得到单个触点的现状与影响的信息，这可以通过以下途径实现：

- 随机问卷，可以随时开展这种活动；
- 集中提问；
- 针对员工满意度进行常规的周期性问卷调查。

整体来说，员工问卷调查不应该局限于评估员工的积极性，而主要应该展现员工的优势和弱点，并使员工积极投入企业的生产过程。因此，他们并不是软弱地任凭摆布，而是以企业内部顾问的身份做出自己有价值的贡献。这样，他们就会自然而然地对公司产生责任感和认同感，而领导团队则会获得更高的工作效率和更大的工作热情。

向员工提聪明的问题

我们在这里先告诉你一个好消息：从今天起，你可以放弃定期开展的员工满意度调查了，因为这种方法虽然让各方面都满意，也号称很有代表性，但是花费巨大。这种调查不仅需要投入巨额资金，而且对员工触点管理毫无价值，因为这种调查着眼于过去，费时费力，而且反应迟缓。我们现在应该向前看，在未来的商业世界中轻装上阵，迅速做出反应。我们需要积极的员工，而不仅仅是满意的员工。在传统的大范围问卷调查中，提出的只是领导感兴趣的问题和具有统计对比价值的问题。也许员工们认为其他问题更有探讨价值，他们肯定不甘心做统计报表中的小人物。

如果满意度调查中受访者全都选了“优秀”，或者“不足”，这该如何解释？如果选了“更重要”或者“不那么重要”就揭露了真正原因了？这就像在大雾中乱撞。如果整体满意度有所提升，或者（按照学校评分体系）从 2.3 下降到 3.4 呢？你虽然有准确的数据，但是完全不知道怎么做才能改善现状。最后的结果会告诉你员工们多么努力地实现公司的目标吗？完全不会！

受访员工可能是在利用自己的回答发出信号，但是事实和信息混合在一起，解读问卷就变成了猜谜语：员工满意度下降了？或者他们只是想要赶走某一个领导？整个领导层都应该为最新的策略转变受惩罚吗？可能有几个人在民意测验那天心情不好。此外，“只有员工真正地提高了自己的工作效率，或者那些失望、沮丧和不满的员工都不参加调查，这种通过民意测验得出的结果才能得以实现。”改革专家温弗立德·伯尔纳在一份报告中这样写道。

鉴于以上原因，传统的员工意见调查并不是评估工具，充其量是反映员工意见的晴雨表。战略性的决策就是建立在这种薄弱的基础之上！理论派肯定会觉得吃惊：为什么要弄得这么复杂？为什么选择这种昂贵的方式？如果放弃这种固定的格式，让员工们自由表达意见，肯定会得到很多有价值的看法。他们希望通过这样的调查设立一个标准，和其他人比较？标杆管理纯粹是为了弥补落后的状态，对前进没有任何帮助。代表性也同样毫无意义。好与坏都只是不同的方法引起的。

> 传统的员工意见调查并不是评估工具，充其量是反映员工意见的晴雨表。

我们应该看到，人们并非始终了解自己的想法。他们总是展现良好的一面，个别情况下也会自私地做出错误的回答。想一下，有些人会在众人面前语出惊人，他们只是为了吸引大家的注意。我们不可能始终了解自己的真实意图，因为意图隐藏在潜意识中，有时还伪装得很好，到最后连我们自己都被骗了。心理学家称之为感觉监狱。

员工们不满和沮丧的理由大部分听起来非常合理，有理有据，但是背后隐藏的却是不同的真实原因：

- 人们不关心他们的幸福。
- 人们对他们既不友善又缺乏礼貌。
- 员工们没有得到关注。
- 他们几乎没有听到感谢的话语。
- 从来没有人对他们说，他们是非常重要的员工。

所以，我们要用更聪明的方式提问。

选择合理提问方式

如果是标准的问卷调查，那么我倾向于采取书面形式。面对面交谈虽然是交流的最重要方式，但有时也会让人觉得很尴尬。人们更愿意在纸上表达自己真实的看法，这样也会更加谨慎。你一定很清楚，我们不会在任何人面前都直言不讳。

电话采访也是一种选择。采访者需要具备很高的情商。他们应该懂得用引导的方式提出问题，并且能够认真地倾听。他们必须严肃对待员工，并且表现出尊重。他们还必须告诉员工这次采访对公司以及今后发展的重要性。

人们应该按照受访者的原话进行记录，同时记录下他们受访时的感受，并对所有内容进行搜集、整理和评估。这样就形成了一份按照时间顺序排列的清单，里面列举了客观的、专业的以及人际关系中需改正的错误。除了频繁出现的问题和关联性之外，还应该详细描述单个事件，制造惊喜效果。在征得员工同意后可以播放一些采访时的音频原声，这么做的效果远比一份充斥着数据的报告好得多。

在线问卷这种方式成本低廉，操作简单快速，因此越来越受到企业的推崇。但是我们只能根据目的有选择性地使用这种方法，毕竟在线问卷也是根据给定的问题进行选择。即使受访者可以根据自己的情况做出回答，但是人们得到的认识还是非常有限，而且最后的评估阶段还需要不菲的资金投入。为了快速完成问卷，人们通常会选择每一个问题的第一个选项。这样的结果不仅毫无意义，还会导致严重的后果，因为错误的回答会使人们做出错误的反应。

你应该通过其他方式邀请员工在网络上发表自己的经验、愿望和想法：可以通过投票和排名的方式询问员工的喜好和决定，也可以用这种办法让他们提出合理化建议。你最好给出以下的备选答案："这个改革方式有决定性意义。""这个想法不错，但不是决定性的。""我无所谓，我也不需要。"这样就可以简单地区分出"必须"和"不必要"，也可以得出每个员工眼中最重要的特征。如果一家企业以这种方式快速地得到员工和客户的反馈意见，那么它就可以比竞争对手更快地对企业和产品做出调整。

通过快速简答问卷快速进入主题

我喜欢在触点管理中采取快速行动，因此更倾向于使用快速简答问卷调查方式。如果人们想要考察某一个触点，可以这么做：

- 这些事情非常好，因为……
- 这里的一切还可以，因为……
- 这里的情况让人失望，因为……

快速简答问卷调查也适用于人们互相检查工作成果。在传统的问卷调查中，人们都是通过选择来评估员工的工作业绩。这种做法的问题是：如果这么问，员工或多或少都会觉得几乎一切都很重要。错误的提问方式将使真正的要求不断贬值，因此公司也就不会再满足员工的虚假愿望了。

快速简答问卷调查每次最多列出四个主题，然后让员工选择，他们认为哪个特征最重要，哪个最不重要。第一轮中胜出的特征会进入下一轮选择。在四轮选择中你一共可以测试 16 个特征，然后得到完美的问卷结果。

成绩特征	最重要	最不重要
特征 1		
特征 2		
特征 3		
特征 4		

一个更简单的方式是让员工对两个特征进行比较，可以用口头或书面形式提出下面的问题："你觉得 X 和 Y 哪个更重要?"测验结果可以按照员工群组、工作领域、地区和国籍加以区分。

快速简答问卷调查的一个特殊形式是在线预测。公司将员工预测的具体数字汇总为一份专业鉴定报告，这有助于公司制定发展计划和危机评估。受访员工可以预测营业额，评估销售潜力，或者估计市场价格。

智慧的问题让员工成为公司的免费顾问。

CrowdWorx 公司的创始人亚历山大·伊万诺夫介绍，汉高公司通过这种方式将评估准确性从专家评估的 69%提升到了员工预测的 85%。在仓库工作的员工取得了非常出色的成绩，因为他们最熟悉产品的销售周期。这一预测使营业额突破亿元大关。

对话框测验法

还有一个方法就是对话框测验法。你这么做：先画两个相对的对话框，一个里面写着假定的第三人的说法，另一个空着，受访员工在里面填写自己的答案。图 12 举了两个例子。

这种方式既轻松又愉快，但是要求人们发挥创造性。这是年轻人喜欢的方式，然而调皮的人也可以借此在网上捣乱。因此，你如果采用这种对话框测验法，就必须要考虑以下几点："我们想要以此达到什么样的

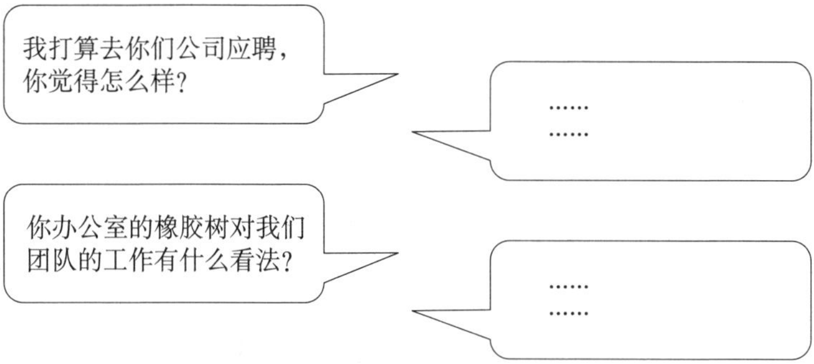

图 12 对话框测验法的典型问题

最佳效果？”或者“绝对不能发生什么事情？”或者“最糟糕的难以接受的‘事故’是什么？”以及“我们应该如何应对？”如今的一切都可能上传到网上，我们不能忘记这一点。

拷问员工的良知

我最喜欢的问题就是“良知问题”，可以这么提问：

“亲爱的同事，想象一下自己是公司的良知。你会对我们说什么？我们可以具体做些什么进行改善？”

如果以书面形式提出良知问题，还可以画一个虚拟的小人，肩膀两边各站一个小天使和一个小魔鬼，甚至可以加入一个受访员工的画像。这会让这个测验更有人情味儿。

重要的一点，是要为作答留下足够的空间。你可以将很多答案公之于众，这也许是人们一直想要知道的东西：比如说，员工在某一特定状态下有什么感受；客户在某一时刻说过什么，他出于什么原因说出这些话。老板可能终于知道了除了他以外所有人都知道的谣言，或者顽固问题的症结所在。这些内容都像黄金一样珍贵，因为人们只有了解了问题的真正原因，才能采取正确的方法加以改正。

> 匿名方式在问卷调查中非常重要。

如果企业文化不佳，或者员工的信任度很低，问卷调查就一定要采取匿名的方式。人们可以先在电脑上填写，然后再打印出来提交，这样就可以避免通过笔迹辨认出员工。如果很多员工都参加了这种问卷调查，那么就可以自动产生一系列触点措施。

员工们自己整理合理化建议，并将其提交给经理用作参考，但不是用来决策。这些建议并不是对问题的抱怨，而主要是如何快速有效地革除可能出现的弊端。可以采取以下简单形式：

今天的结果和预测	明天希望实现的目标	我们如何一起努力

这时如果出现争议怎么办？这是值得开心的事情！合作过程必然伴随着争吵，重要的是坦诚客观地讨论出现的问题，共同寻找一个各方都能接受的解决办法。如果人们私下解决争端，就会带来毁灭性的结果。因此正确处理良知问题也是一个团队自我疗伤的宝贵开端。

主题式问卷调查

人们可以随时就不同主题开展主题式问卷调查。因为提出的问题数量很少，所以人们需要对此充分准备。需要考虑的问题包括：你应该提出的最重要的问题是什么？你可以提出的最有价值的问题是什么？

你可以发给员工一张问卷调查单，让他们以书面形式完成，最好以匿名方式进行。下面是一些例子：

- 我最喜欢公司的哪一点？
- 我最不喜欢公司哪一点？
- 这份工作最吸引我的是什么？
- 我的工作有什么具体的改进措施？
- 我对公司领导的最大愿望是什么？
- 我还能为客户做些什么？
- 我对公司有什么重要价值？

- 我对外人会如何宣传公司？
- 我自己喜欢做什么工作？
- 我希望在哪些方面得到更多支持？
- 哪一点会鼓励我继续在公司工作？
- 我一直想说的话是什么？
- 下次问卷调查时可以问些什么？

最后还可以提一个终极问题，这个问题随时都可以单独提出。公司必须保证这个问题的绝对保密，这样员工才能诚实作答：

您今天还会再次选择我们公司吗？

如果是，主要原因是什么？

如果不是，为什么不会选择这家公司？

如果有人通过某种方式做出了否定回答，绝对不要去调查做出否定回答的是哪个人，即使是使用最隐秘的手段。在所有人看来，这种信任的破裂都是无法弥补的。

还可以让员工补充完成以下句子，以此了解员工的忠诚度以及他们对外推荐公司的可能性：

- 我关心公司的未来，因为____________
- 我还会继续在公司工作，因为____________
- 我对其他人积极自豪地介绍我们公司，因为____________
- 我鼓励有兴趣的人成为公司的客户，因为____________
- 我鼓励潜在的员工来公司应聘，因为____________
- 我不会做这些事情，因为____________

这些开放性的问题不会将人们局限在一个固定的问答模式中，也不会把员工降级为一个只会做选择的人，而是让每一个人都可以自由表达内心的想法。所以每一个员工都会深入地探讨这些问题，因为公司需要他们的创造力。公司也将得到更有价值的答案。

聚焦式提问

焦点的意思是关注最重要的问题，而不是在细枝末节上耗费精力。所以聚焦式提问用一个问题就可以说到点子上。人们可以用这种方式快速掌握说服员工的真正理由，而不会让他们感觉受到轻视。例如，聚焦式提问题可以这样进行：您最希望从老板那里得到哪三样东西？

如果是口头提问，人们肯定需要较长的时间来思考。不要催促他们，对一切回答都要保持开放的态度。受访员工心里通常都怀有期望，可能需要用理想的方式表达出来。员工心里一直在盘算，老板喜欢听什么样的期望。他们甚至会为了让老板满意而说出对公司不利的东西。如果你认为员工都会讲真话，那就太幼稚了，因为毕竟最后由老板决定谁能吃到蜂蜜。

为了让员工根据才能各司其职，你可以提出以下聚焦式提问：

- 如果你有一件必须要负责的事情，会是什么？
- 从你工作的视角来看，哪一样东西特别没有用，而且对任何人都没有帮助？
- 为客户的利益着想，我们一定要改变一件事情，你认为最重要的是什么？

通过这种方式你（很可能）会得到重要信息，内容涉及糟糕的工作条件、来自企业的压力、空间狭小、重复工作和企业占用员工的时间，还会涉及交流、交接点和客户等问题，以及企业自身的盲目性。你过去可能一直没有重视这些问题对员工和客户忠诚度的影响。使用这种方式还有一个好处就是：你可以快速施加影响。你接下来继续问："我现在（立刻）需要具体做些什么来支持这件事？……好的，谢谢，还有什么？"继续询问非常重要，因为人们通常在第二轮提问中才会说出真正的要求和愿望。

你可以通过这种聚焦式提问了解那些非常危急的紧要事件。紧要事件就是员工关系中带有强烈感情色彩的时刻，它们扎根于人们的记忆深处，人们会不断重复。为了避免公司形象受损，你有必要了解这些事件。

此外，你还要搜索那些让人特别开心的事情，并将其作为成功的典范在公司内部和社会上进行宣传。这是要达到的第一个效果，那么第二个呢？对于忠诚度的形成来说，没有什么比员工听到自己说愿意和你一起工作更好的效果了。他们既然这么说了，将来很可能也会这么做，无论是在网络上，还是在日常生活中。

为了获得紧要事件的信息，你最好这么引出问题："我一直想要问你……"这一问题要和"请你谈一下"相联系。这种"请你谈一下"的问法非常有效，因为员工在聊天的语气中最容易表露自己的感情。了解这种感情并使自己融入其中，有助于你做出正确的反应。请不要忘记这一点：诚实勇敢的员工值得你真诚地道一声感谢。他们最后总是想要知道自己的看法会产生什么样的影响。

欢迎高层领导参与

我的特别建议：经常邀请公司高层领导参加这种活动。如果公司的高层领导能够走近普通员工，这会表现出极大的尊重。例如，他们可以提出这样的问题：

- 假设一下，你现在处于我的位置（或者：你在公司负责管理），你首先要在哪个方面进行改进？
- 你在公司遇到的最让人不舒服的事情是什么？
- 亲爱的同事，你在公司最美好的经历是什么？请你谈一下。

你不仅可以通过类似的聚焦式提问发现大量的薄弱环节，还能找到重要的成功细节，这都是你以前不了解的，或者中层管理人员还没有向你做过汇报的。你可以准确地了解在各个紧要环节需要采取的必要行动，可以迅速做出反应。这么做不仅解决了每个人的问题，还让你在面对员工不满情绪的时候游刃有余。这么做不仅增强了员工的忠诚度，同时也可以防止人员出现变动，还节省了传统的市场调研费用。

如果高层领导尝到过一次这种提问方式的甜头，他们就会将其固定为向员工咨询的常规活动。人们需要事先认真准备，想出一些合适的有价值问题。例如：

- 我很感兴趣你对这个话题的想法……很有趣，你能谈谈具体的细节吗？
- 我对这个话题有一些想法，很想和你谈一谈……
- 假设一下，你是这个问题（这个项目）的决策者，你会怎么做？……很有趣，你对这个决定有哪些考虑？
- 如果由你出资，你会如何着手开展这个题目？……你绝对不会做什么？
- 假设我们明天就开始实施，会出现什么情况？……我们还需要注意什么？……以客户的观点出发，有什么不妥的？
- 你的同事怎么看待这种情况？你不用说具体的名字……他们会怎么劝说我？
- 如果有一件事情可能导致这个项目失败，以你看来这个关键点会是什么？
- 应征者想不到的方法是什么？……你如何出其不意地打败竞争者？

开始的时候，员工的回答可能会犹豫不决。即使高层领导和蔼可亲，但是在员工看来，他们仍然是有威严的人。你可以改变谈话风格，就像聊天一样，这会缓解员工的紧张情绪。如有需要，你还要友善地点头示意，鼓励他们："继续啊！"或者说："我对这个很感兴趣。"

提问本身就是权力的象征，因为提问的人在主导谈话。谈判专家安德烈亚斯·帕特莱茨克说："领导者可以通过布局、结构和选词增强谈话的权力感，也可以降低权力感，也就是将权力隐藏起来。"所以提问的方式起决定性的作用。高层的领导说话习惯指示明确、言简意赅，通常不会使用"请"和"谢谢"这样的词语。然而这种说话方式会吓退员工，难以取得希望的结果。所以不能以威胁和胁迫的口吻提问，千万不要把谈话变成审讯。如果你正确地提问，不仅能顺利地了解各个触点存在的问题，还会不断地获得新的建议，员工也会感受到自己对企业的重要性。人们可以对问题做出迅速的反应，并提出解决方案。好的建议应该得到表扬。最终的决定建立在坚实的基础之上，人们从计划开始阶段就排除了错误的可能性。

员工满意度调查——无聊的做法

我前面已经说过了，传统的员工满意度调查效率很低。较大规模的公司现在仍然热衷于这种调查形式，所以我在这里再一次提醒大家。这种调查本应该记录人事部门的工作成果，但实际上通常沦为一张定期支付的账单，而且整体的花费与得到的结果完全不成正比。如果人们真的希望了解公司的真实情况，几位员工的诚实回答远比很多人的投机答案或被操纵的说法更有效。调查结果经常被束之高阁，而不是进入改革方案，这是更糟糕的情况。这种调查有时还会被用作高压手段。

人们可以从网上下载标准的问卷调查模板，这样的问卷根本不适合个性化的调查。如果公司委托某个研究所设计满意度调查问卷，那么这种问卷会包含很多问题，而且最后的结果分析非常复杂，只有学术精英才能读得懂。计划、实施和评估都会消耗大量资源，也浪费了很多时间。从决定到第一轮结果通常需要四个月的时间。在瞬息万变的商业新世界中，四个月足以让一家公司破产。

如果人们在实施过程中不认真，或者没有正确处理问卷结果，还将引起误解和恐惧。即使看起来很小的失误也可能深入员工的集体记忆，这会让人们对这种问卷方式失去信任。

> 激励体制让阴谋诡计有了可乘之机。

还有更糟糕的情况：原则上，每一份问卷结果都要计入领导的业绩评估，成为奖金分配的基础。因为担心收入受影响，他们就会想出一些点子。老板会在一定程度上强迫员工做出他们希望的回答，或者所有员工与老板结成攻守同盟，以最佳姿态出现在问卷调查中。最后，诡计最成功的部门排名最高，而且高层领导也对此了如指掌。我甚至了解一些公开耍手段的公司，所有人都参与这种造假的游戏。

还有一种情况：员工虽然在问卷调查中表达了自己的观点，但是到了改革实施阶段，一切还是要等待高层的行动。这种等待可能持续很长时间。或者中层领导不加修改地传达高层通过的整改措施，即使这些措施几乎没有任何作用。

总会有一个人站出来说：别做这些无聊的事情了！与其让钱打水漂，还不如花在触点活动上。

17 第二步：设定目标

我们在第二步中需要为追求的目标下定义，并且为员工优化触点，探究人们在触点采取的行动。我们需要考虑以下几点：

- 为了什么：我们努力完成的目标
- 为了谁：我们为之积极努力的目标群体
- 怎么做：需要实现的外部条件

我会在本书中提出两个外部条件：

1. 紧张的和轻松的企业文化
2. 激励型领导方式

我们先说目标，再说方法。这里并不是指固定僵化、经理人通常采取的目标，而是值得我们努力的期望目标。“什么样的结果对我/我们很重要?”这个问题即是下一步的任务。

设定目标的过程

人们需要为整个触点项目和单个的触点设定目标。这需要根据各自的特点灵活操作。你不要仅仅定义想要实现的目标和实现的条件（可做的事情），还要和员工一起确定不应该做的事情，或者绝对不行的事（禁止的事情）。为了实现每一个目标，你可以提出以下主导问题：

- 除了所有的业务领域以外，领导层如何理解最重要的触点？
- 从领导一方考虑，为了适应未来的工作环境，我们如何尽快克服触点运作不理想的现状？
- 我们如何让整体的招聘触点符合网络 3.0 的要求，适应互联网原住民的要求？
- 我们如何才能尽快摆脱过时的体制和程序的束缚，在企业中创造一种网络结构？
- 我们如何促进员工的忠诚度，激励他们继续留在公司，避免员工流动给企业带来的损失？
- 我们如何使员工成为企业积极的信息员？哪些触点特别适合激励员工对外宣传？
- 我们如何让企业内部各个触点的女性员工更好地发挥潜力？
- 我们如何鼓励员工省时高效地参与实际操作和战略性决策？
- 如何让员工发挥自己的想象力，并使之与适当的触点相结合？
- 我们如何在单个触点用非金钱的激励因素鼓励员工？
- 我们如何持续实现跨部门的以客户为本的策略？
- 我们如何在公司内部顺利开展触点管理？
- 为了在企业竞争中占得先机，我们应该如何优化触点数量？

如果你描绘出了整体目标，下面就可以进一步细化目标群体了。

目标群体选择

我们需要确定目标群体，并且为其优化选定的触点。现在我们就来确定目标群体，例如：

- 有潜力的员工
- 内部员工
- 外部员工
- 离职的员工

我们在第二部分已经详细叙述了员工的重要意义，以及未来的领导者必须具备的能力。一个基本的问题就是：我们真的（至少）像对待企业资产一样认真对待员工吗？

我们严格遵守机器的平均保养时限，但我们是如何对待员工的“保养时限”的呢？公司的车队会定期进行保养维护，然而公司的领导层是如何保养信任他们的“员工舰队”的呢？人们花大量时间用来挑选办公室的新家具，但是人们会花多少时间组织应聘呢？某些领导办公室的绿色植物得到的关心都比员工多。人们只有在各种论战中才彻底意识到，某些企业待物比对人要好得多。

为了找到理想的期望状态，我们还应该分别考察“来—留—走”过程中的触点。我们再次以应聘过程为例具体解释。应聘者需要反复地填写各种个人信息，而且不能留下空白项，他们的兴趣很快就会消耗殆尽。公司急招员工，然后又给应聘者找麻烦，这是为什么？人事部门只是想告诉审计部门，员工招聘的花费很大。如果有价值的应聘者因为这些烦琐的手续而转投别家，这种代价也是很高昂的！你也要把这种情况考虑进去。

还在要求传统的简历文件夹的人事部门就像一个无底洞：交上去的材料就永远也拿不回来，人们始终在等待事情的发展状况。人事部门通过相应的招聘软件可以快速地做出反应，如今的招聘过程再简单不过了。所以对这种愚昧做法的唯一解释就是傲慢。然而人们也会为此付出代价。网络会将表象和原因无情地披露出来。榜上有名的企业就再也不会收到应聘者的简历了。最后，愤怒的应聘者还会影响到客户。现在的一切都紧密联系在一起。

企业文化的外部条件

> 为了取得好成绩，工作必须有乐趣。

新的企业文化也是商业新世界的一部分。然而旧式的企业与新型的数字化公司之间存在着巨大的鸿沟。一方面，旧式的公司在礼仪上有着严格要求，人们心情都不太好，耷拉着嘴角穿过走廊，到处都笼罩着阴沉的氛围，工作时的好心情是一种禁忌。另一方面，充满生活乐趣的互联网公司就像一个附带体验乐园的游乐场。这样的公司摆脱了泰勒主义工业时代的阴暗精神，他们的理解非常简单，为了取得好成绩，工作必须有乐趣。

一般来说，企业文化是集体学习过程的产物，人们不能放松对其保护和维护。企业文化包括看得见的和看不见的文化，也包括禁忌、保密的原则和标准。它决定以下内容：

- 公司中的人际交往；
- 与客户和合作伙伴的关系；
- 聘用哪些人，以何种方式提拔哪些人；
- 员工在什么样的环境中工作；
- 决策过程；
- 如何处理问题；
- 如何对待错误；
- 如何实现想法；
- 如何掌控冲突和危机；
- 监控什么，如何监控；
- 按照什么标准评价员工的成绩；

- 如何庆祝成功。

管理层的态度具有决定性的影响，因为公司内部的情绪都是自上而下传播。因此，人们每天早晨都会观察老板的心情，以及他的声音、手势和细微的表情，人们会对所有的一切进行解读，因此，任何一句漫不经心的话都有分量。如果老板心情好，那么员工在每一次交谈时都能感觉到：今天是个好日子。俗话说："好心情会传染。"这有什么影响呢？这会刺激神经细胞，我们通过这些细胞体会到他人的感受，这是一种内部模拟的方式。这导致了一种情感的"传染"，一种不由自主的模仿，也经常会导致一种下意识的复制。老板的情绪就直接体现在员工的表现中。

我们所有人都紧密联系在一起，周围的人出现了风吹草动，我们也会受到影响。只有少数人属于示范者，大部分人都是模仿者。如果我们自己不确定，就会跟随那些我们认为很自信的人，领导者就属于这样的人。领导层的行为会产生多方面的影响。员工对老板的"喜好"非常敏感，他们很清楚老板不喜欢什么，也知道他们赏识和奖赏的对象，以及他们如何应对危机。不经意的一句话可能会酿成一个惨痛的事故，高级经理人经常会忽视这一点。

一切都会在讲述中真实地显露出来。你可以问员工，他们理想中的企业文化应该是什么样子，最好通过图片、举例和故事来表现。你可以由此整理出一个真正的故事集。如果人们反复提到一件事，例如大老板站在机器前向培训生请教如何操作一台机器，这个画面就会产生很强的效果，对工作氛围的构建非常有帮助。

工作氛围是现存的企业文化的表现方式。它表达了员工在工作中主观感受到的氛围。企业文化是长期形成的，相对稳定，可以分为紧张型和轻松型企业文化。前者会引发缓慢的分解过程，而后者则会让一家企业更加坚强，更有效率，这样的企业甚至可以熬过经济危机，以坚强的形象出现在人们面前（见图 13）。

图 13　紧张型和轻松型企业文化的特点

紧张型企业的丧钟已经敲响

紧张型企业是经济心理学家丹尼尔·高尔曼提出的概念。这种企业浪费了大量的资源和人才，那里笼罩着让人压抑的氛围，充斥着严格的规定、苛刻的监控和严厉的批评。企业里每天都上演着阴谋、暗箱交易、趋炎附势、自私自利、刚愎自用，还有很多我都不愿提起的卑劣行径。一切都笼罩着恐惧的阴影。那里的员工承受着侮辱和贬低，出了问题人们首先想到的就是找替罪羊。人们都在谋求自私的目标，把力气都花在相互攻击上：挖苦讽刺、冷酷无情、敌对仇视、阴谋诡计、拒绝指派、阻止变革，互相猜忌。在这样的环境中，机会主义和见风使舵是最好的生存策略。有能力的人会选择马上跳槽，留下的都是一心想着内斗和向上爬的人。

紧张型企业会在人们的心里形成一块日食。每当人们走进公司，那片乌云就会覆盖一切。员工整体的积极性非常低，他们只想着掩饰错误，或者集体隐瞒。公司到处弥漫着糟糕的气氛，谣言四起。有些企业的员工每天花一个小时议论公司和老板。这样的氛围让人不舒服。病态的员工不可能建立健康的企业，颓丧的员工也无法赢得幸福的客户。

“寻找替罪羊是最简单的狩猎方式。”——德怀特·D·艾森豪威尔。

如果企业笼罩着糟糕的氛围，员工也不可能提供优质的服务，他们毕竟不是魔术师。人们几乎不可能将消极的企业氛围转变为对待客户的积极情绪。如果客户感觉不舒服，他们就不会再次光顾，更谈不上买什么东西了！企业就会逐渐开始瓦解，这当然是一种恶性循环。企业的规模越大，成为紧张型企业的风险就越大。传统企业有着明确的等级制度、集中制结构和严格的规范，它们坚定地追求利润最大化，因此最容易成为紧张型企业。

恐惧是成功的最大障碍

恐惧有很多种表现形式。它可以是保护我们的友善的告诫者，也可以在短时间内激发我们的潜能，创造出最高效能，但也会让我们丧失活动能力，变得愚蠢。攻击、恐惧、压力和威慑行为都会限制大脑所有的认识行为。为了确保安全，大脑中的扁桃体结构都是成对出现，在危机出现时，这一结构会将思维模式转换为紧急状态：危机逃避、一定程度的攻击或者连续的发呆，大脑会根据具体情况选择适当的解决方案。在这种情况下，大脑细胞之间的连接点，也就是所谓的突触间隙会堵塞，然后脑电波无法顺利通过，我们就无法清楚地进行思考，结果就是暂时失去知觉。人们在这种情况下只能完成一些简单的常规工作。

面对相同的压力，每个人都会表现出不同状态。也就是说，每个人紧张和放松的过程都有不同的表现形式。一个人可能会很快地激动起来，也会很快地放松下来，而另一个人可能在这两个过程中都需要较长的时间。心怀恐惧地工作违背大脑研究的基本认知。恐惧虽然会让人们跑得更快，却持续不了多长时间，停下来后就会感到筋疲力尽。人们在压力下会取得重大成就只是一种想象，真实的情况恰恰相反。压力和持续的不满情绪会阻碍大脑发挥最大潜能。恐惧会削弱人们的学习能力，人们更容易犯错误。

恐惧虽然会让人们跑得更快，却持续不了多长时间。

持续的压力使身体长期处于戒备状态，这会降低我们的工作效率，也会摧毁我们的健康，因为应激激素会抑制身体的抵抗力。如果来自外部的压力（最后期限、惩罚、两边受气的状态）处于失控状态，人们就会表现出惊慌失措。最初的担心会演变成怀疑、软弱和无助，这会导致身体、精神和灵魂的崩溃。最好的解决办法就是让受害者逐步夺回主动权。如果我们（重新）掌控一切，恐惧就会突然转变为放松，情况就会彻底好转。

心情恶劣、恐吓威胁、到处指挥、痴迷权力的经理始终是一个威胁因素。他们给我们的大脑发出危及生命的信号，这会使我们的应激激素大爆发。对权威的恐惧将员工训练成唯唯诺诺的顺从者，他们工作效率低下，最终对一切都心灰意冷。员工首先表现为不愿意公开发表意见和新想法、不愿意合作，也不接受挑战或者改善工作质量。他们闷闷不乐、敏感多疑、沮丧失望，甚至听天由命，然后就进入一种假期式的放松状态，一种内心的逃亡，最后导致外在的（故意破坏）和内在的（内心焦虑）崩溃。

如今，任何企业都承受不起这些后果。他们需要员工充分发挥自己的聪明才智，大脑的运转必须畅通无阻。脑力工作者需要亲切友善、能够激发他们灵感的老板。只有这样，他们才能将自己全部的聪明才智奉献给公司，因此首先需要消除来自企业内部的恐惧，它是效率的最大障碍。

轻松型企业取得胜利

> 如果氛围恰到好处，那么最后的结果也会如人们所愿。

轻松型企业遵循胜者策略，生机勃勃，始终朝着积极的方向发展。公司的员工生活乐观、身体健康、积极主动，愿意为公司努力工作。轻松型企业洋溢着欢声笑语，是培养高效工作的温室，也是创意的聚集处。轻松型企业好像施展法术一样将优秀人才吸引过来。企业为员工的出色表现和经济效益提供了坚实的基础。客户愿意不断光顾这样的公司，他们也愿意为公司进行对外宣传。如果氛围恰到好处，那么最后的结果也会如人们所愿。

娱乐和工作不兼容，这早就是老掉牙的偏见了，也是非常有害的误解，因为事实正好相反。公司的生活与欢笑创造出好感，而好感有助于成功。微笑可以克服恐惧，增进信任。欢笑会激活我们的大脑，让我们保持健康和旺盛的创造力。让我们开心的事情是我们努力的源泉，这样的事情不仅做起来容易，我们也会心甘情愿去做，同时也会做得更好。判断一个公司的健康指标就是员工的幽默感，其中包括开会时、和老板在一起时、在走廊和食堂中听到的笑声。只有人们感觉幸福，他们才会开心地大笑。

轻松型企业是凝聚了心血的高效运转的发动机。企业不断为员工提出新的挑战，这些挑战既符合他们的能力，又以他们的愿望为基础。人们在这样的企业可以真诚交流，取得出色的成绩，人们明显感受到彼此的尊重。人们会取得胜利，能够以自己的成功为荣，他们也的确做到了。轻松型企业并非源自浪漫的温情主义，而是出于企业经济学的考虑。

轻松型企业如何吸引客户

只有轻松的大脑才能产生创造力，而且只有在积极的环境中才能持续产生忠诚、积极、责任感和创造力。轻松型企业会积极地运用员工的创造力，而不是毁灭创造力。整个公司齐心协力一致对外，关注市场和客户，因为公司内部没有任何威胁。

在这样的企业中，人们敏锐地感受着发展与趋势，创新情绪高涨。人们将改革看作机会，而不是威胁。人们实现跨部门和跨公司的高度合作，始终以不同的方式实现自己的创意、知识和观念。不断发展的创造力持续为公司提供全新的方案，使公司跳出重复的怪圈。

对和客户打交道的员工来说，在轻松型企业工作具有特殊意义，因为他们将企业文化传播到市场上。始终都有好心情的员工是每个团队的运气，因为好心情具有感染力。

如何成为轻松型企业

可以从两个方面改变人们的行为方式：如果受到表扬，人们就会再接再厉；如果行为受到批评，人们以后就会避免。此外，如果人们谈论一些干扰，或者讨论相关问题，也会产生安抚的效果，因为这会告诉我们的扁桃体，我们感受到了威胁。这意味着在员工关系中也要谈一些让人不快的事情，尤其是那些需要解释的问题。只有一切都解释清楚，不需要再担心的时候，我们才能恢复最佳状态。

领导者需要就以下问题寻找答案：

● 我现在感觉公司的氛围不好。你觉得原因是什么？我身上有什么问题吗？你能说一些具体原因吗？

● 我觉得我们现在停滞不前，有点儿死气沉沉的。如果要重新恢复生机，我们需要做些什么呢？我能做些什么？

除此以外，整个团队应该共同努力改善企业氛围，因为每个人都以自己的方式参与其中。我建议采取以下方式：你画出从 0 到 10 的等级图，代表从紧张型到轻松型。让每个员工匿名选择，他们认为自己的部门整体处于哪一个等级（见图 14）。人们接下来共同研究，如何在一定时间内提高一个等级。

这样的等级问题可以很好地解释员工内心感受的状态，而不需要长时间地复杂解释。此外，人们还可以通过这种方式将一般化或者笼统的说法联系在一起：不是简单地区分好坏，而是明确中间的灰色地带。最好可以通过小范围的可行措施逐步加以改善。

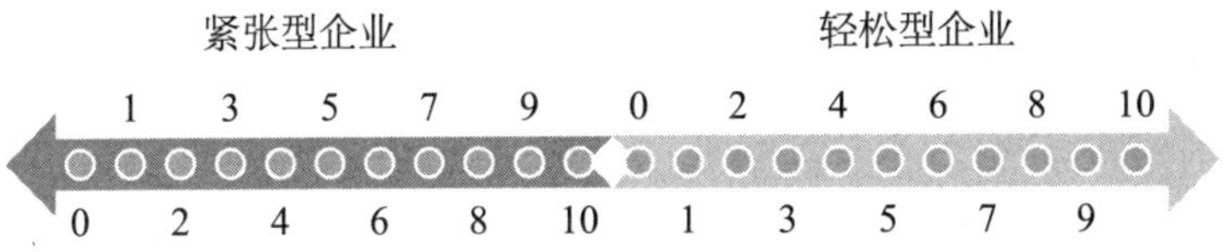

图 14 企业文化价值等级

激励型领导方式

大部分企业都谈到了员工满意度，那么我就想要问一下：什么是员工满意度？满意的意思是可接受的，属于很一般的中等成绩。积极主动的人才怎么会愿意待在中等水平的企业？满意会使现状僵化，使人们反应迟钝、得过且过。这种状态的人一般不希望改变，行动的努力和情感的张力也非常低。人们表现出一种漠不关心的态度，最后会形成一种听天由命的懒散性。这种无所谓的心理导致人们在工作中粗心大意。这样的员工只会心不在焉地应付客户，面对客户的特殊愿望和问题时，他们很少有主动性和创造性。

这种听天由命的满意度主要出现在员工缺乏施展空间的企业，他们不会参与企业活动，企业也不欢迎他们的想法和创意。这种看不到未来的心态滋生了百无聊赖的状态，参与意愿和责任感都消失殆尽，人们开始了得过且过的生活。满意培养了人们坐在办公室的耐心，却没有给予他们积极性。"仅仅感到"满意的员工是任何一种优秀文化的掘墓人！他们将公司置于危险之中：蔓延着消极情绪的公司最后会从内部瓦解。

如果不希望出现这样的结果，我们应该怎么做呢？我们需要激励型的领导方式。受到激励而努力的员工可以超常发挥，工作效率和工作质量都会大大提高。他们愿意完成高效工作，也希望取得成绩。这种积极的能量会真切地反映在客户购买的产品中。最后，员工的这种心理状态会通过每一个小动作表现出来：受到激励的员工会让客户体验到购物的愉悦，而消极员工则让购物变为一种折磨。

积极主动的员工也会大幅地降低成本，因为犯错的次数减少了。他们富有创造力，总会产生新想法。更重要的是，作为主动的信息员，他们对外塑造着公司的积极形象。这不仅会鼓励有潜力的优秀人才关注公司，也会吸引客户不断光顾公司。

为了获得这样的效果，我建议公司领导者在每个触点采取行动，认真分析其中让人失望的、可以接受的和激励员工的因素。这是我仿照东京理工大学狩野纪昭教授（Noriaki Kano）的“狩野模式”为员工管理领域开发的新模式。人们需要分析员工的希望和他们得到的结果。结果可能是从痛苦的失望到极大的鼓励，也可能是从兴高采烈到垂头丧气。

在图表中按照时间顺序列出选定的触点及其现状，具体如图 15 所示：

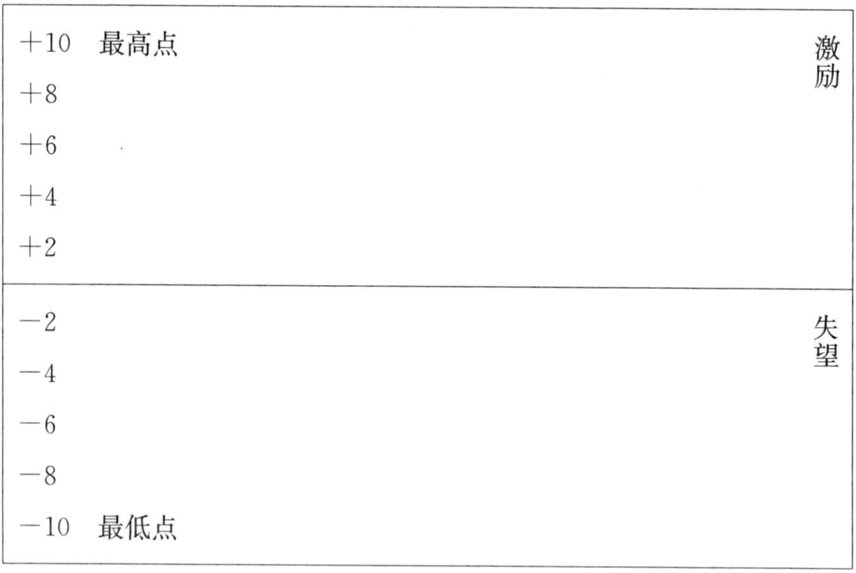

图 15　统计失望、可以接受和激励的因素

探讨让人失望的因素

如果公司中让人失望的因素占据主导地位，那么你很快就会失去你的员工了。倨傲的态度和伤人的语言会在员工中产生消极的反应。你如果希望员工关系运转良好，那么就不能让他们产生明显的失望情绪。一旦这种情况不可避免地出现了，你就需要亲自与他们交谈并给出合理的解释，这样才能使公司的运转恢复正常。

如果员工感到失望，并且这种状态一直持续，你将为此受到惩罚。他们有很多种惩罚的方法：粗心大意、吊儿郎当、故意犯错、挖苦讽刺、固执己见、诋毁诽谤、泡病号、磨洋工、不守规定、公开反抗。他们所做的这些都或多或少带有强烈的颠覆欲望。他们的意图是什么？报复！为他们受到的不公待遇而复仇！这样的感受永远都是主观的，并且能够显示出巨大的能量。我们已经看到，人们在这种情况下一般都会选择这位最具影响力的守护者：数字化的公共媒体。

了解可以接受的因素

如果想要避免员工的不满，就必须认真研究他们可以接受的因素。这些因素与失望因素相反，至少为你提供了满足员工意愿的机会。

> 在员工们看来，可以接受的因素是理所当然的事情。

在员工们看来，可以接受的因素就是理所当然的事情，包括礼貌、友善、信任、公平、正直、诚实以及很多领导品质。如果公司领导没有达到这些基本要求，员工们就会转而变得很消极，进入失望者的阵营。如果公司还没有实现这些基本条件，就不要考虑激励因素了，因为这么做根本就没有意义。

我们首先应该为可以接受的因素下个定义。可以接受的因素至少应该满足员工的期望或者达到他们认为理所应当的条件。具体是什么呢？这取决于员工及其价值观、他们对工作的期望，以及他们在公司的职位。因此这是一个非常复杂的分析任务。现在，人们不能像人力资源管理专家弗雷德里克·赫茨伯格（Frederick Herzberg）那样，将原因简单地归结为保健因素和激励因素这个“双因素理论”。

举一个例子？人们会异口同声地对我喊道：“金钱就是保健因素。”

完全是胡说八道！每当听到大学教授和培训师引用那些所谓的专家或者上个世纪的老掉牙的至理名言时，我都会非常气愤。正如加里·哈默尔所说，经理们无疑想要将这种“闹鬼的幽灵”带进新时代。对于某些人来说，金钱完全就是一个激励因素。例如根据法律规定，上市公司董事会成员的收入必须公开，这不再是显示公司透明度的手段，而是CEO们争夺最高工资的衡量尺度。

每个人的特点各不相同，他们都有自己的价值观，都以自己的标准看待这个世界。人们不能从自己的优势出发考虑问题。我们再次拿出上文提过的表格。现在按照从0到10的等级标准认真为每一个员工评分：哪一条标准会激励哪个员工？哪一条标准是哪一位员工的必要前提？哪些员工会觉得哪些标准完全无所谓？

标准	员工1	员工2	员工3
任务/职位			
工作场所的陈设			
有竞争力的薪酬			
福利待遇			
晋升机会			
培训机会			
公司吸引力			
上司的态度			
独立性			
企业氛围			
认同的文化			
工作环境			
工作时间、模式			
工作生活整合度			
医疗保险			

找到激励员工的因素

激励员工和构建积极企业文化靠什么？靠的是激励员工的因素。有了这些因素我们可以战无不胜，当然缺少这些因素也不会让员工变得消极。如果你实现了这些激励因素，不仅会得到员工的喜爱，也会促使他们积极宣传。

使员工倍受鼓舞的往往是意想不到的小事情。管理专家汤姆·彼得斯将其称为“重要的小事情”，对此给予多少关注都不为过。我们最后会得到大量让人吃惊的细节，正是这些细节造就了企业之间的差距。这的确不仅仅是金钱的问题。我们从客户方面也了解到，如果企业不能提供触及客户心灵的产品，无法让它们的产品脱颖而出，那么价格就是唯一的区别特征了。商品只能通过低价格才能平衡客户因为对产品缺乏好感而产生的失望。相反，如果产品能够引起客户的情感共鸣，那么就可以在价格上占据优势。这一原则在员工方面刚好体现出相反的效果，只是表现形式不一样而已：无法获得他人好感的人就得花大价钱，这就是补偿费。

激励因素的症结：今天还算是惊喜的事情明天就已经是“基本条件”了，完全不值得一提。如果有一次没有达到人们的期望，员工们就会感到失望。员工很快就习惯了好东西，他们的期望和要求也会随之提高。常规的激励计划就是例子。这里有两个窍门可以让你摆脱这种状况：一个是“不要重复，而要给出无与伦比的体验”；第二个是让员工自己寻找，你至少会从中得到一些适合的东西。

未达到期望？符合期望？超出期望？

在分析阶段已经简要介绍过，我真诚地建议每一位企业领导者在所有的员工触点按照失望、可以接受和激励标准考察自己的行为，然后制定一个期望标准。这一过程最好按照以下三步进行：

- 我作为领导者最多能够并且应该做什么？

- 我的/我们的最低标准是什么？
- 我作为领导者绝对不能做什么？

这里举一个具体的例子。很长时间以来，一个团队就在抱怨大办公室糟糕的工作条件：办公家具老旧，办公桌的抽屉打不开，柜子的钥匙也都找不到了，椅子坐久了会引起后背不适，地毯发出难闻的气味，而且办公室也特别吵。员工们虽然提了很多次意见，但是情况并没有得到改善，这引起了员工的普遍不满，已经影响到了工作业绩。员工不停地谈论这件事，这也浪费了很多时间。很明显，老板并不关心自己的员工，对他的失望已经导致第一批员工“因为生病”而不能上班。在一个周一的早上，员工们发现办公室重新装修了，换了新家具，墙壁也重新粉刷过了，地板也是新的，甚至增加了绿色植物。员工们开始肯定觉得很开心，但在触点管理的意义上，这种做法最多只能算是勉强接受的水平，因为这完全是旧式骄傲自大的领导方式：我们知道什么对我们的员工最有益处。

那么应该怎么做才能持久地激励员工呢？让员工们自己设计办公室！那样的办公室才能真正成为“他们的”办公室，更加舒适，而且注重细节，这有利于提升工作乐趣，促进合作。

第二个例子是关于道歉。领导者当然也会犯错误。他们应该解释清楚，不给员工们背后议论的机会，因为他们反正都会知道这些事情。只要你承认错误，大家几乎都会原谅你。你可以真诚地说：“我非常不礼貌地……我本不应该这么做……我没有理由……希望大家能够原谅我。”这席话既展现了领导者承担责任的勇气，也会极大地提升你在员工中的威望。

在健康的企业文化中，易受损伤的东西更会受到人们的保护。真诚的道歉可以弥补人们受到的不公正待遇。如果领导表示道歉，这就给了员工机会去原谅并最终忘记这件事。这件事让人们感觉很好，同时领导也获得了解脱。

如果犯了错误，却不肯道歉，就会让人失望。推卸责任和喋喋不休的诉苦会引起人们更大的失望。不真诚的客套道歉，紧急情况下的道歉或者让其他人转达的歉意只会让人更加失望。相反，亲自表达歉意的努力或者一封亲笔写的道歉信则会让人们的精神大为振奋。

受到激励的人会工作得更长久

无论涉及什么样的工作，领导者都要考虑到所有员工触点的领导状况，按照“失望—可以接受—激励”示意图寻找最佳的行为方式。为了更好地体现各个触点的现状，我们还可以将其和交通灯结合起来，激励员工的方式用绿色表示，可以接受的方式用黄色，最低标准以下的都用红色表示。如果“一切都在绿色区域”，那就是目标和激励同时实现了。

如果要增强员工忠诚度，提高他们的积极性和主动性，同时避免出现（集体）焦虑现象，激励领导的管理体制与轻松型企业文化相结合就是一条金科玉律。这种方式可以避免效率低下，也可以延缓重要人才的流失。我们都知道，最先离开的永远是最优秀的人才，因为所有企业都想要聘请这样的员工。如果年轻的专业人才得不到足够的支持，工作没有挑战性，或者企业的领导方式缺乏激励因素，他们很快就会跳槽，因为每个企业都在急切地寻找这样的人才。

激励领导体制促进员工的忠诚度、积极性和主动性。

雇用一个新手来顶替离职的员工，或者就像对待机器一样，用新机器来替换磨损的旧机器，很多企业都已经负担不起这样的奢侈行为了。培养已有员工发挥着越来越重要的作用。激励领导体制有助于改善企业内部单个触点的员工交流，提升员工留在企业工作的兴趣。我们下面将介绍其他的可行方法。

18

第三步：操作实施

这一步涉及计划和相应措施的实施过程，这些措施可以使目前的实际情况发展为理想的期望目标。这一步可以分为三个较大的行动方向：

- 重要的领导触点，即领导者自己或者与其紧密合作的触点；
- 涉及实际问题和框架条件的触点，可以在这里安排触点经理人；
- 涉及框架条件的触点，可以由员工共同研究。

行动时可以选择漫长的路程和快捷的路程。如果选择漫长的路程就要先修一座通往新领域的桥，这不仅耗时费力，还需要投入大量的资源。快捷的路程就是铺垫脚石和所谓的快速改善。人们只需要关注单个的触点，以及快速见效的措施。一般情况下，我倾向于使用“垫脚石”模式，这样就可以快速地推进，而且可以不断获得成功的故事。不要等待所有事情都准备完备，因为它们永远不可能准备好。积累起来的小改变也能取得很大的成效。

每一次措施的计划过程基本上需要解释以下问题：从什么时候到什么时候？由谁做什么事情？有多少预算？需要准备哪些资源？谁可以提

供帮助？哪些时间表有意义，而且具有可行性？你最好选择一个大家都认为亟待解决的问题。

领导者的交流能力

在企业中，领导者在很多触点与员工打交道。在这种情况下，员工谈话发挥着重要的作用，是最重要的领导手段，因为对员工领导方式主要是交流、谈话和对话。因此，有重点地选择问题、倾听的能力以及对不同谈话状况的掌控力具有决定性的作用。

交流能力是优秀领导者最重要的能力。我们都知道，谈话分为言语表达和非言语表达，其中非言语表达往往更重要，因为在产生怀疑的情况下，人们一般倾向于相信肢体语言。我们在几百万年的过程中都是通过肢体语言沟通，而人类语言的出现不过是几十万年的事情。我们需要不断地进行练习才能更加自如地与员工进行交谈。

多样化的员工谈话

员工谈话应该具有方向性，解释双方的期望。原则上应该在双方取得一致的情况下结束谈话。除路上偶遇的非正式交谈和一起吃午饭的聊天以外，人们还可以采取下面这些正式的交谈方式，按照一定的结构组织谈话：

- 面试
- 欢迎仪式
- 解释双方期望的谈话
- 了解员工潜力的谈话
- 实习期结束时的谈话
- 团队讨论/会议
- 身份谈话/回顾性谈话/定期会谈
- 确定目标的谈话

- 代表团谈话
- 就调整问题进行的谈话
- 认可谈话
- 错误反馈谈话
- 员工年终谈话
- 工资调整谈话
- 关于培训机会的谈话
- 培训调整的谈话（根据某一措施）
- 职业发展谈话
- 升职谈话
- 就某一尴尬问题的谈话（例如体味）
- 关于员工私人问题的谈话
- 解释问题的谈话
- 提醒的谈话
- 离职谈话

如何正确进行不同的谈话？你可以按照 www. touchpoint-management. de 网站上的内容进行核对。除亲自谈话和电话交谈之外，你还可以采取书面形式进行交谈。

- 欢迎信
- 实习期结束的祝贺信
- 日常工作中的邮件往来
- 关于项目协调的书信往来
- 特殊成绩的感谢信
- 针对特别活动的信件

仅从这两项列举的篇幅就可以看出口头谈话在领导工作中的重要地位。所以你应该放弃邮件的形式，走进员工中，和他们交谈。但是不要按照固定模式谈话，而是真诚地交谈。每次谈话都有一个完美的预定目标，这需要你事先考虑清楚。你需要先为预设目标下定义，并将目标分解为几个小点。然后考虑一下其中的失望、可以接受和激励因素。在准备口头谈话的时候，你可以简单制定一个大体的流程表。例如下表：

谈话方式：＿＿＿＿＿	员工姓名：＿＿＿＿＿		日期：＿＿＿＿＿	
谈话阶段	目标	让人失望的因素	可以接受的因素	激励员工的因素
进入话题				
自己的观点				
员工的观点				
达成一致/结果				
后续步骤				

这个计划只能帮助你建立思考脉络，确定重要的步骤。你还是需要尽可能自由地交谈。

员工谈话基本原则

在每一次交谈以及员工管理体系中，需要特别注意以下基本原则：

- 人优于事
- 情感优于理智
- 对话代替听写
- 提问代替说教
- 倾听代替劝告
- 增强优势
- 尽可能简化

交际专家不仅是优秀的提问者，也是优秀的倾听者，还是出色的观察者。他们亲切地参与到员工的对话中，无声的肢体语言表明了他们的态度。他们引领员工踏上思想之旅。他们会谨慎选择措辞，因为言语就像箭一样：开弓就无法回头。

下面我们来谈一谈交谈的技巧，其中包括提问方式、倾听方式、回答方式、协商技巧等。

即时的反馈

反馈就是对已有成果的意见，这可以确保我们在正确的道路上前进。因此，表扬和批评都是监控的工具，使我们能够快速地进行调整。顺畅和谐的意见反馈对于企业的日常运转有着至关重要的意义，这也是互联网一代必不可少的组成部分，因为他们已经习惯了快速反馈。人们在玩电脑游戏时，取得成绩后立刻就会得到奖励：状态更新、升级、奖金和奖励点数。巩特·杜特写道：“我们刚刚测验了一款罗塞塔石碑超级语言学习软件，鼓励的呼声就像雪片一样纷至沓来。”脸书网的点赞也有着类似的效果。每一次“点赞”就像一次虚拟的拍肩膀赞许。善恶对决式的电脑游戏呈现出一种“史诗般的胜利”，也就是以史诗的规模呈现的胜利，同时也创造了一种“史诗般的兴奋”，像英雄一样拯救世界免于毁灭。社交网络和电子设备显然都是完美的信息反馈者，所以也会让人们上瘾。

年轻的员工期待公司也能像电脑游戏一样给予他们即刻的满足，尽快提供一切。“我想要知道我的点数，马上！”“表扬和批评？多棒啊！”千禧一代就是这样通过反馈意见摸索前进。游戏玩家已经习惯了犯错误，他们会在自己的社群中交流意见。游戏结束？没关系，再来一次！电脑立刻会显示出即时的得分。在这种情景中等待年终谈话的反馈意见？真是要命啊！如今已经没有其他选择了，只能立刻反馈意见！

我们已经听到很多反馈意见的积极方面，认可、赏识和即时的表扬。但偶尔还是会出现不好的事情。按照一致性的原则，我们也要对此发表意见。该怎么办呢？我们一起看一下。

哇哦，出错啦！

谷歌公司的员工可以获得一项特殊的奖励，活动的要求就是：“想出一个彻底失败的项目。”谷歌成功的根本原则就是“开始多、投入小、发现早”。尝试很多投资小的项目，及早发现问题：这一原则与主导创新相联系，在网络范围内创造出一种秩序，一家具有广阔视野的小公司在几年的时间里就飞速发展为世界级的顶级企业。

“每个陶器作坊都有碎片。”这条埃及谚语说得很好，因为只有一潭死水的地方才会保证不出错。学习型组织的先驱彼得·圣吉（Peter Senge）解释说：“错误的重大作用是将会给你带来好处。”

人们在学习的过程中根本就不能避免错误，因此，企业需要一种从错误中汲取教训的文化。企业需要能够有建设性地展开错误反馈谈话的领导者。领导需要在会议议程上加入这一点：“我的哪些教训是大家可以避免的。”这种做法非常受欢迎，因为这会促使大家自然而然地思考那些“不可言说”的事情。项目团队需要考虑彻底失败的可能性，并将其作为一种可能出现的情况。如果这种假设的严重事故真的出现了，人们至少应该有所准备，毕竟避免错误的出现才是根本目的。

犯一次错误没问题，但是不能容忍故意犯错和粗心大意。

唯一不能原谅的错误就是故意犯错和粗心大意，否则只有第二次犯的错误才能算作错误。“每个人都可以犯错误，只是不能给公司带来损失。”这应该成为每个公司的指导思想。如果没有正确处理错误，可能会同时引起五个方面的成本提高：

- 耗费在错误的成绩上的费用
- 消除错误所必需的费用
- 失望的客户离开造成的营业额损失
- 消极宣传造成的营业额损失
- 不良声誉造成的信任损失

因此需要发展一种从错误中汲取教训的积极有效的方法。人们需要尽快地发现错误，举报错误，消除弊端，弥补客户可能存在的失望，然后一起讨论今后如何避免错误出现。领导者是唯一能够正确引导这一过程的人。你可以通过以下方式推动这一过程：

- 要求员工发现问题时第一个通知你。
- 要求员工反驳你，并公开赞赏他们的做法。
- 特别感谢那些承认错误或者将问题报告给你的员工。
- 如果有人对你刻意隐瞒，掩饰错误，粉饰报告或者故意说谎，你要表达出你的反感。

你也要扪心自问，哪些企业结构和措施是造成员工失败的罪魁祸首。人们喜欢将错误算到个人的头上。如果“胡博先生”或者“米勒女士”负有责任，那么整个公司就不会从中吸取教训。你也要寻找错误带来的冲突。汽车工业的生产线上有一种所谓的“开伞索”，如果打开开伞索，整个生产就会停下来，这样可以避免可能出现的失误。老员工教给新人的第一件事就是“千万不要拉开伞索”，因为这会给整个生产线带来损失。

积极的错误管理意味着记录下错误及其解决办法，让那些需要从中学习的人看到这些记录，然后进行统计评估。那么每个团队成员就（很有可能）只会犯一次这个错误，而且人们也不需要一再地改正错误。德国作家库尔特·图霍夫斯基曾说过：“愚蠢的人和失败的人的区别就在于，愚蠢的人反复犯相同的错误，失败的人总是犯新错误。”

不要再去寻找犯错误的人了。只有这样人们才不会去做花时间费力气的辩解，而且这么做也没有任何意义。经理人戴特莱夫·洛曼写道：“不是由某个人承担错误的责任，也就是说人们不追究错误的责任，或者根本不提责任的问题，只有这样人们才能找到犯错的原因，认真考虑解决办法。”这也意味着员工从过错中解脱出来了。这明确表示，没有人需要为某一情况承担责任，紧张的大脑又可以放松下来集中精力向前看了。

针对错误展开讨论

员工们不愿意在交流中讨论犯错的原因，很多老板也都不想提起这件事。他们担心这样的谈话会引起员工过激的反应，所以迟迟不愿和员工谈话。如果员工在谈话过程中不停地哭，或者厚着脸皮否认，甚至采取抗拒的态度，老板就很难将谈话继续下去。还有一些领导担心员工不再爱戴自己，或者害怕自己受到员工的批评。

如果公司没有得到想要的结果，或者不断出错，员工们都期望老板能够清楚地表达自己的意见，并且坚定地采取行动。员工们想要知道老板对自己工作的态度，他们也必须了解这些情况。坦率真诚的反馈意见是领导者能给予员工的最宝贵的礼物。刻意含混不清地遮掩员工的工作成绩会造成严重的后果。淤积的不满会增加员工的压力，而长期的压力会对健康造成危害，客观公正的谈话就像雷阵雨一样带来清新的空气。

如果你没有对员工进行有根据的批评，那么你就剥夺了他们发展成长的机会。事实上，批判性的谈话可以促进员工的成长。谈话的方向起着决定性作用：不要关注过去，而要着眼于未来。如果谈话总是提到过去，那就只能详细地列举种种过失，这会引起对方的羞耻、震惊、抗拒和逃避。这种谈话的结果就是：谈话者试图扮演被害者的角色，不停地寻找借口，假装无助来博取同情，对方则企图掩盖事实真相，拒绝承担责任，努力寻找替罪羊。这种针对“过去反馈”的讨论没有意义，你不能指望它来提高认识，取得进步。

“未来反馈”则完全不同。通过这种形式，人们可以共同努力达到理想目标，实现提高的目的。某些事情并非始终一帆风顺，有时也会出现严重的失误，这种情况虽然让人很沮丧，却是事实。人们也可以换一种说法来定义错误：初期阶段的问题、机遇、提出的愿望、事实、修正模式、学习范围、测试阶段、挫折、薄弱环节、初始阶段的错误、疏忽、不顺利、首次尝试。

错误过后就要尽快让工作驶入正轨。员工应该自己寻找正确的道路。你最好给出提议，而不是规定，最好是启发，而不是建议。没有比在错误的时间像老师一样卖弄学问更糟糕的事情了，不断强调自己会做得多么出色的老板也会让人厌烦。如果你在谈话中没有斥责贬低员工，而是不断细心地培养他们，这不仅会帮助他们建立自尊心，还有助于他们形成批判性的自我评价。

如果你不确定应该如何与某个员工开展这种谈话，不妨在讨论期望值的谈话中问问他，他希望如何针对问题和批评开展交流。如果你已经清楚地说明了情况，就可以客观地采取相应措施，而且那种讨论错误的谈话开始时的尴尬就永远不会出现了。

每个人都希望得到富有启发的反馈意见，没有人愿意听到斥责的反馈。因此在总结经验教训的谈话中，“提问方式”非常重要。“批评需要爱”说起来很好听，但人们感兴趣的只有两个问题：我们能从中学到什么？我们在未来如何改善？你一定要避免“为什么”的问题！因为替自己辩解的人就已经失去了行为能力。受到嘲笑或者丢面子的人会心生怨恨，筹划报仇。担心受到羞辱和批评的心情无非就是害怕失去人们的喜爱。我们的大脑记录社会否认与记录身体疼痛的区域相同。言语的羞辱也会让我们感受到切肤之痛。大脑中的疼痛信息永远具有优先权。

要求员工给出反馈意见之前，你需要考虑一下谈话的过程，记下要点以及一些适当的表达方式。你需要确定一个最高谈话目标和最低目标。如果谈话对象在交流结束时向你真诚地道谢，那么你就是获取反馈意见的高手了。

员工评估

不断发展的数字化几乎席卷了所有的领域，也为员工评估的形式提供了新的可能性。将游戏元素纳入员工评估成为大势所趋。员工业绩不仅可以通过口头和书面形式进行评估，还可以通过分析式的评估体系进行评分，并在线制定出一份发展计划。在线方式也像虚拟世界一样建立评估模式，利用星级、点数和等级等手段。应该怎样引入这种评估方式呢？问问互联网原住民就知道了。让他们设计一个方案。

未来一定要对员工的能力和表现进行评估。数字一代的员工也会要求公司对其评估，因为评估结果是声誉构建的基础。这些评估的结果也越来越公开化，因为这些结果会增加员工的声望，对他们的市场价值产生重要影响。

ABC 分类法

> ABC 分析可能适合产品销量，但不适用于员工评估。

传统的评估工具早已有之。最近，一系列公司决定将自己的员工分为 A，B，C 三个类别。这一方式最初源自通用电气前任首席执行官杰克·韦尔奇。这位传奇的实业家也极具争议，他声称利润最大化是企业的最高目标。在他的理念中，A 代表优秀员工，C 则是表现不佳的员工，他们的工资“应该被看做馈赠”。我认为这种分类不仅是简单无礼，甚至是不靠谱。这种分类鼓励员工之间相互竞争，而不是共同努力实现最高目标。管理者在很大程度上受传统等级观念的影响，将员工当做管理的棋子。

我们几乎无法摆脱透过有色眼镜看待他人的局限，这也是非常危险的习惯。在这种情况下，人们认为 C 类员工只能做出 C 类成绩。人们在潜意识中或多或少地以 C 类员工的标准处理这些成绩，结果就是扩大了 C 类的比例。很多研究表明，人们很快就会按照别人给他们贴的标签行为处事。落入 C 等级的人必须付出极大的努力才能摆脱这一身份。但是人们也要看到，如果换个岗位、换个团队或者换个公司，同一个人就突然变成一个 A 类员工了。

一家企业中肯定有老板的亲信，人们通常会过分地高估他们的能力。我们都清楚，弱势的领导者很可能将被评估员工都定位为中等，这种做法就会将优秀员工降档，将提升较差的员工，缩小员工之间的差距。

另外，很多领导者几乎不会考虑员工的行为。他们的领导方式非常糟糕，员工们很快就会落到 C 等级。他们也可能聘任了不适合的员工，或者将新人安排到错误的岗位或错误的团队。他们提出的要求可能太高或太低。公司可能根本就不具备提高生产水平的条件，或者企业的整体环境很差。领导者应该经常静下心来想一想，是不是自己太心急了，而不是将责任推到所谓的表现不佳的员工身上。多一点自省对很多领导者都有好处。

企业当然存在能力不佳的员工、偷懒耍滑的员工以及不能与团队成员和谐相处的员工。有的员工虽然有能力，但是没有创造成绩的意愿，有的员工却正好相反。此外，这种 ABC 的简单分类还会引发另一种危险：成功者的窘境。首先，A 类员工到达了公司的顶端，他们在这家公司就没有上升的空间了。其次，如果站在顶端的人摔下来，后果会特别严重，所以保守行事似乎是明智之举。失败最终会让他们失去已有的一切。他们担心失败，所以在很多情况下就不会接受新的挑战。

心理医生萨拉·狄隆和哈佛商学院教授托马斯·狄隆曾经说过："正是这些关注业绩的员工宁愿将错误的事情做好，也不愿将正确的事情做错。他们通常不愿意承认自己的力不从心，甚至会拒绝求助，即使他们非常需要帮助。"没有哪一个胸怀抱负的人希望遭受挫折。所以他们最好按兵不动，或者让别人去承担责任。

合理化的员工评估

不管人们愿不愿意，每个组织都需要一种员工评估方式来区分良莠。评估应该采取相同的标准。最重要的是，这些评估标准会为升职加薪提供决定性的依据。评估结束之后，人们可以客观地解释，必要时需要开除哪些员工。为了保持"激励—可以接受—失望"模式的连贯性，我建议按照以下类别进行划分：

- 积极主动、表现超常的员工
- 表现差强人意的员工
- 表现低于平均水平的员工

积极的员工在行为和态度上都有超常的良好表现，仍然具有上升的空间。他们积极性高涨，专业能力远超其他同事。他们对自己的工作负责任，经常产生新的想法，对企业的成功做出重大贡献。差强人意的员工则表现出平均水平。在专业和/或者人际关系上让人失望的员工能力（远远）低于平均水平。

我们可以通过九宫格矩阵的形式展现评估结果，纵轴和横轴分别表示能力和意愿（见图 16））。通过一系列针对某一职位要求的标准来定义能力。意愿主要包括态度和个人的积极性。矩阵的纵轴和横轴分别划分为从 0 到 10 的等级，即使在较高的范围内仍然可以向其他方向继续发展。“优异的成绩也仍然可以更进一步”，这可以鼓励顶尖人才继续努力。除领导者之外，每个员工也可以为自己评分。如果出现较大分歧，双方应该进行讨论。

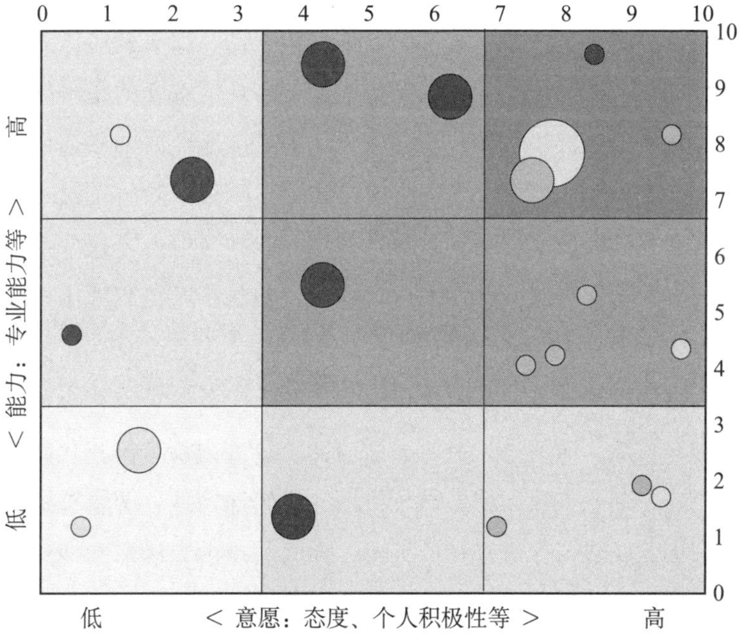

图 16 建立在能力和意愿基础上针对不同员工成绩评估的九宫格矩阵图

（圆圈的大小以及不同的灰度可以表现其他标准）

领导者必须注意，即使是拥有最强意志力的人也不能彻底摆脱自己的感情。人们始终会按照自己的喜好来看待他人。除偏好因素以外，期待是另一个影响因素。所以每一次评估的结果都会带有积极或消极的情感渲染。为了避免这种情况的发生，可以通过公正意识以及下面的问题来进行自我监督："一个中立的观察者会如何评价？""公正"不意味着"相同"，而是根据具体情景和具体的人进行判断。如果评估缺乏公正，人们的大脑就会产生厌恶的情绪。正因为如此，有些人会对糟糕的老板表现出厌恶之情。

这个模式当然也可以反向进行。在这种情况下，领导者首先进行自我评估，然后再由员工对他进行评估。在企业文化不够坚实的情况下，这种评估最好以匿名方式进行。这时需要事先确定两方面的标准。主观性和"旧账"当然也是一个主题。但是如果员工人数较多，这种方式的局限性就会显露出来。如果某人的评估分数很低，那么就应该立即免除他的领导职务。必要情况下可以保留他的工资，但重要的是不能让他继续给公司造成损失。

360 度意见反馈是一种涉及面很广的评估手段，除员工以外，其他的领导者和外部人员也会被纳入评估范围，我在《触点》这本书中做过详细解释。我本人对此持怀疑态度。这种评估的行政流程成本极高，而且评估者个人的利益始终会掺杂其中。

下面还要提到一点：刚刚提到的职位要求应该尽可能符合每一位员工的能力和意愿，而不是让员工去适应工作。因为没有模式化的人！如果你认可这一理念，那么就要像玩拼图一样组建团队，两块拼图应该相互衔接。因此我建议你最好在员工实习期间通过潜力谈话和期望值谈话向他们提出以下问题：

- 你特别喜欢哪些工作？
- 你还愿意承担哪些任务？
- 你不愿意做哪些工作？

如果你的员工能够做他们最擅长，也最愿意做的工作，那么你一定会得到最优异的业绩。

设立触点经理人

我在这本书中首次提到触点经理人这一新职业。他们是组织、员工和领导者之间的连接点，负责企业文化的相关主题以及提升员工的幸福感。他们关注员工的身体、精神和灵魂的健康，使员工们保持最佳精神状态。这一工作既包含战略性因素，也具有实际操作的要求。因此，这个工作就不只是安抚员工那么简单了。在人才稀缺和社交媒体当道的时代，触点经理人对企业的未来发挥着决定性作用。内部触点经理人还需要对应的外部触点经理人，他们都需要公司领导的绝对支持，因为这条路注定崎岖不平，他们不可能永远和朋友打交道。他们代表员工的利益，必然需要揭露弊端。

内部触点经理人是员工们的支持者，也是企业领导与员工之间的中立连接环节。他们可能的工作领域包括：

- 办公室组织以及办公室生活
- 员工活动和社会项目
- 体育活动和健康项目
- 推动员工问卷调查的开展
- 预防员工频繁流动
- 参与员工选拔
- 指导员工的上岗和离职
- 辞职面谈和关照离职员工
- 维护雇主评价网站
- 投诉信箱、知心大姐、调解员
- 企业内部创意管理

- 主持内部触点项目
- 促成企业内部跨部门的网络化进程

触点经理人的最初形式是“正能量经理人”(Feelgood-Manager)。这一工作受到IT行业的特别推崇。例如玛格达莱纳·贝特格就是这家网页制作公司Jimdo的正能量经理人。她引入了“积极记事本”和“消极记事本”的理念，Jimdo的员工可以写下表扬和批评意见。他们将每周的团队讨论会称为“团队焊接”，她会在讨论会上公布这些意见。员工们通过这种方式了解企业面临的问题以及好消息。施蒂凡尼·豪依斯勒是在线供货商Spreadshirt的正能量经理人。她发起了“蒙眼午餐”活动，将几个人按照手头的工作、能力和兴趣进行配对，邀请他们共进午餐。

人们有时会问我：“难道这些项目不会让员工们放纵懒散吗?”是的，存在这种风险，如果事先安排良好的面试环节进行筛选，就只有百分之一的风险可能性。你真的会因为1%的害群之马让99%的员工忍饥挨饿吗?

全员参与触点项目

如果你希望员工按照公司的思维行事，那首先要引导他们学习公司的思维模式。只要不涉及领导者个人的事情，那么内部触点优化就基本上应该由员工共同完成。如果他们自愿说出打算如何处理这些事情，就可以最大限度确保他们的“意愿”。

> 让你的员工成为参与者——这么做是值得的。

将员工转变为共同构建者，乍一看好像是多余的工作。但是我们最好为此花一些时间，因为这种方式不仅会让工作更贴近实际、内容更丰富，也能让员工更积极地投入工作，他们也会表现出对工作的热情。因为这个工作不是领导指派的，而是由他们独立承办的。这种做法的优势体现在以下方面：

● 因为系统地听取员工意见和专家建议，同时汇集了各方面的想法和适当的参与者的积极努力，所以做出的决定具有广泛的基础。

● 跨等级、跨部门的咨询创造了一种尊重、透明、信任与合作的文化。这还增强了人们对他人工作的理解。

● 所有的参与者可以相互学习，因此公司内部的知识和能力会不断增加。每一个参与者都集教学者和学习者于一身。

● 参与的员工感觉更好，工作乐趣也有所提升。他们表现出更多的责任感，也会取得更大的成绩。

● 如果人们将自己看做决策过程的一分子，那么在必要情况下也意愿承担棘手决策的责任。

为了使员工积极参与，充分开发他们的创造力，触点管理可以从以下三方面出发：(1) 内部触点项目；(2) 在单个触点逐步开展工作；(3) 大型触点群组活动。下面我们详细解释这三种方式。

内部触点项目

你想要在整个公司范围推行触点管理？在这种情况下，你需要推行一个项目。而且不论你愿不愿意，这样的项目会不断扩大，其本身就是一种不断变化的工作模式。很多相关文献都会介绍项目工作的基本原则。因此我在这里只想就触点管理介绍几个基本的组织步骤：

● 招聘项目负责人

● 组建项目团队

● 定义项目目标

● 确定组织参数

● 与各方面进行交流

首先需要聘请一位项目负责人，他可以是门外汉，也可以是触点经理人。这样做有什么好处呢？如果负责人对项目内容一无所知，这就迫使他与团队成员进行深入交流，他也会提出一些“愚蠢”问题。这样的对话会使联系更加清晰，参与者的基础知识也可以重新串联起来，同时等级差别也会逐渐消失。这样通常会促成新的、勇敢的创新想法。

为了克服企业的盲目性，人们会邀请外部人员作为中立的主持人，这种做法可能会在短时间内起作用。但我绝不建议你完全委托外部人员来主持这样的分析活动。因为最重要的是参与员工的接受以及百分之百适合公司的活动方式。

应该根据任务分配来组建项目团队。人们最好充分考虑成员的多样性，做到新老员工、老中青员工以及男女员工的合理搭配。安妮塔·伍莉是匹兹堡卡内基美隆大学的教授，她通过研究发现，如果团队至少有两名女性成员，那么这个团队的集体智慧就会得到提升。如果团队所有成员都是女性，那么情况则会发生变化。她在《哈佛商业经理人》杂志的文章中介绍，如果团队成员都是非常聪明的主导型人才，那么这个团队也算不上最佳团队。因为发言人掌握发言的权力，这些人不一定会找到最好的办法。

为了摆脱主观思维和本位主义的自私想法，在未来顺利地实现合作，你一定要邀请各部门的同事参加。选一个合适的项目时间点，邀请其他公司的相关专家以及客户参加，他们会带来全新的想法和反馈意见。

还要注意，一个项目的过程总是分为两个阶段：创意阶段和实施阶段。两个阶段需要不同类型的员工。我们在创意过程中需要颠覆型的思想者、有想象力的人、摧毁者和打破规则的人。他们会带来有创意的想法，推动项目向前发展。他们会提出不合情理的问题，想别人不敢想的事情，勾勒出最美丽的空中楼阁。人们在这个阶段一定要有足够的疯狂想法。

在第二阶段就要回到现实，关注真正可行的想法，因此需要改变团队的人员构成。实施阶段建立在很高的可行性基础上，因此需要另一种类型的员工：关注细节的人。我把这类员工称为“钩子”，前一种员工称为“搭扣”。搭扣是开放的，将所有的新事物都看成是机会的天堂，而钩子则认为到处都是困难和潜在的风险。如果我们过早地将钩子纳入团队，他们就会形成阻碍，将每一个“疯狂的”想法扼杀在萌芽中。理想的状态是钩子和搭扣相互配合。

领导者应该参与所有的触点项目。你需要定期汇总一份项目报告，然后提交公司高层，还要在公司内部媒体上积极介绍项目。你要在项目开始阶段就准备好必要的预算。我看到过触点项目失败的案例，原因就是最后缺乏资金。另一方面，也有项目败在过高的资金投入上。那么首先要考虑的就是管理和预算，要更好地“利用大脑而不是预算”，花小钱通常会得到最好的想法。

触点素描画

如果涉及较大的触点项目，那么有必要先绘制一幅素描画，它会告诉你员工眼中的实际状况。当然只有在“相关人员”能够亲自参与项目的情况下，项目才能实现。整个项目可以展现为一次旅行，告诉人们在每一个阶段目标中的所有体验。这样的员工旅行（协作触点旅程）可以选择以下标题：

- 一位应聘者在公司应聘过程中的典型经历
- 新员工在公司的最初几天
- 员工离职的过程

这种方式可以形象地展现每个触点的运转流程，不仅可以使用文字，还可以用图画和粘贴的方式。最好贴出精心选择的故事和有代表性的员工看法。我们可以将材料分解为不同的组成部分，按照加分点和减分点分别记录。应做的事情和不应做的事情可以放在后面，通过故事板和视频的形式进行记录（见图 17）。

所有内容可以按照时间顺序展现在涂鸦板上，以一名员工“旅行”的形式紧密联系在一起。具体内容可以在项目的后续过程中加入这个员工的部门展示，这样既可以记录员工的进步，也可以展现出该部门与其他部门的连接点。此外，还可以利用联网的多媒体展示墙，滑动指尖就可以浏览。

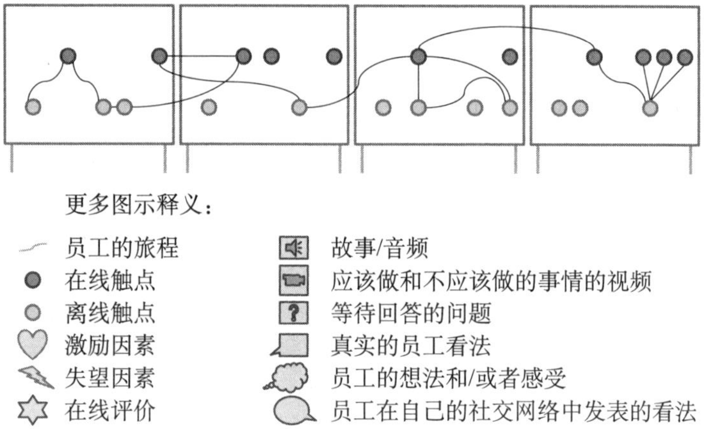

图 17　在给定时间段内的典型“员工旅程”，记录详细，以涂鸦板形式展示出来

在视觉展示之后要按照优先原则制定一份需要探讨的触点名录。了解实际情况后，人们需要定义理想的或者必要的期望结果，并确定需要采取的措施计划，然后按照计划执行。接下来要按照适当的标准检测并记录结果，并且研究优化措施。

优化单个触点

为了使触点优化尽可能地反映现实，人们最好选择一个单独的触点作为开始：理想的对象是一个可以快速展开工作的触点，这样可以顺利地取得成效。人们也可以从员工们急切需要改善的触点着手。下面的问题最初由美国银行家弗农·希尔提出，可以作为理想的出发点：

杀死愚蠢的规则！我们应该尽快摆脱哪些无聊的标准和愚笨的行政规定？

为了尽快使一个特殊的触点成为卓越的典范，下面的问题是最好的办法：

我们就这个题目能想到的最好的想法是什么？

一定要准确提出这个问题，否则按照我的经验只能得到含混不清的

答案。极端的答案中隐藏着最大的创新，而平庸的想法只能产生平均水平的结果。

如果你将触点优化列入会议的议事日程，那么就可以不断地改善现状。你首先要确定第一次会议和第一个触点，然后就可以顺着进行下去。你可以在会议结束时确定下一次会议研究的触点，员工们可以事先做准备。要控制时间，确定一个触点最多可以投入多长时间，这样就可以避免讨论无限期地延长，例如以 30 分钟为限。具体来说可以这么做：

5 分钟	描述一个让人无法忍受的现状，最好用讲故事的方式。员工可以讲述在某一个触点经历的让人不快的事情，有什么问题，带来什么后果。
5 分钟	收集大家的想法，应该如何优化这一触点，以及未来如何避免这种不快。这时先要获得大量的想法。员工们在这一阶段应该保持安静，保证他们的思考不受影响。他们可以将自己的想法写在小卡片上，然后粘到墙上。
10 分钟	写小卡片的人简短介绍自己的想法。接下来简要讨论。
5 分钟	按照多数原则选择大家都认可的想法。领导者在这一过程中保持沉默。为什么？为了获得众人的智慧。
5 分钟	制定措施。即：什么样的人员组成，到什么时候，做什么事情。还要确定讨论结果的日期，措施的实施结果如何，是否需要微调，取得了什么样的成果。

30 分钟的时间并不长，但是集中研究讨论也能获得很多成果。一位年长的领导曾对我说："我的员工做不到这些。"不，他们可以。只是领导的存在总是在阻碍这一过程。的确，领导的决定经常会使有价值的想法陷于停顿。领导当然有否决权，但只能在特殊情况下使用，否则只能给自己培养出一群吵闹的小孩子，毫无见解地等待他的指示。

大型触点群组活动

为了达到优化企业触点的目的，我现在几乎只推荐人们采取大型触点群组活动的形式。长时间的实践，和顾问在安静的办公室研究方案，然后从上至下强迫员工接受，这样的方式不仅会让员工兴趣索然，更会使整个活动以失败告终。只有在员工中产生一种心理学家口中的“不满意的自我”，他们才会变得更有责任感和主动性。约翰·麦写道：“员工不会因为老板的愿望就改变自己的行为，只会因为自己的意愿而改变。”另外，很多因为个人关系联系在一起的员工可以使长时间被埋没的想法重见天日，也能发展出符合实际情况的方案。只有多练习，才能获得最后的成功。

> 探索共同未来的努力将所有人紧密联系在一起。

新的观点、新的联系、新的关系和交流网络纷纷产生，似乎一下子就占据了整个组织。探索共同未来的努力将所有人紧密联系在一起。系统组织发展培训师鲁特·赛里格说过：“共同体验决策和计划过程的经历一般会持续很长时间。”人们会主动产生将其实现的欲望。而通过传统方式宣布的决定始终非常僵化，员工只是不得不执行。

大型触点群组活动有助于实现我们的目的。我们可以召集50～100名员工，在一天的时间内有组织地研究相关问题。这一活动不仅包括领导层，对普通员工也非常有效，这些员工可以系统地接受企业思维。按照我的经验，大型触点群组活动最好以跨等级、跨部门的形式进行。下面介绍一下我曾经领导过的这类活动的流程。

逐步开展的流程

开放空间（Open Space）和世界咖啡馆（World-Café）都是传统的大型触点群组活动形式，其特点是员工在没有任何外部信息的情况下开展活动，在一定程度上深入探索自己的想法。大多数情况下，人们把已经开展的研究问题拿出来讨论，然后继续深入发展，很少会产生真的有创意的想法，因为群体的趋势是“趋同”。这一过程通常持续几天，人们很少会在现场做出具体的决定。这种方式可能针对个别情况有效果，但不适用于触点管理体系。

触点活动的日程安排非常紧密，会产生非常成熟的、可以付诸实施的方案。最理想的方式是当场由小组表决通过，然后立刻开始实施，而不用通过常规的委员会表决。此外，还可以在活动开始前以动员报告的形式鼓励创新，鼓励突破局限，支持人们“疯狂的”观点，这样参与者就会突破已有的局限，产生新的想法。尤其是坚决反对的声音逐渐退却的时候，“外部的先知”就会开始发挥作用。

例如，作为局外人的我，在上午就相关问题做了三四个小时的动员报告，我在与一位员工的简要谈话中想到了这些题目。动员报告囊括了下午继续深入探讨的所有方面，我将自己看做这位言简意赅地表达自己想法的员工的代言人。同时也将自己看做一个想法奇怪的人，这个人带来了新的观点，阐述了心理学背景，解释了这个专业最好的一面，也提醒人们可能面对的失败和弯路，还谈到了让人不悦的事实。这个角色只能由局外人来担当。虽然公司急需这种想法怪异的人，也公开表达了这种愿望，但是这一角色对于公司内部人员还是太危险了，因为这会危及个人的职业升迁。因此，公司应该聘请外部人员来扮演这一角色，这也会支持公司内部人员的奇思妙想。

参与人员在下午以小组形式展开讨论。每个小组最好由五六名员工组成，小组成员应该处于相同等级，但分属不同部门。如果参与人员分属不同等级，那么领导者应该自己组成一个小组。等级会阻碍工作流程，监视也会扼杀创造性。只有在没有外人在场的情况下，人们才能毫无顾忌地勇敢地讨论那些不合情理的想法。而且只有在没有权威的环境中，人们才会放心地公开那些非常尴尬的话题。每张桌子上都有一个事先准备好的任务：由这个小组制定具体方案的触点话题。每个小组都备有黑板和展示工具。

参与者的任务并不是填写卡片，而是制定一个具体的企划方案，在细节上非常完备，最好可以立即实施。参与者至少有 90 分钟时间准备。为了取得最佳效果，最后得到一份具有可行性的企划方案，有必要对参与者给予充分的指导。最好将与任务相对应的七个步骤写到黑板上：

大型触点群组活动的七个步骤： ● 描述目前的实际状况 ● 定义理想的期望目标 ● 制定一份具体的措施计划 ● 确定时间表和相关责任 ● 计算出必要的预算 ● 确定成果监督的评估手段 ● 存储其他（疯狂）想法

活动主持人首先要监督各个小组不能在实际状况讨论阶段耽误太长时间，最多占用10分钟。如果参与者不停地诉苦和抱怨，或者着迷于过去的恐怖故事，他们很快就会忘记原本的目的是要为更好的未来制定方案。目前的实际状况可以按照从0到10的等级评分。人们还可以为措施的实施情况建立评分等级。每个小组需要委派一名发言人介绍讨论成果。可以通过黑板或者投影仪的形式进行展示，这样所有人都能看清楚。

每次演示之后都要安排一个简短的提问和扩展环节。人们可以通过竖拇指的方法进行初步投票，然后按照事先规定的多数原则决定具体实施哪个方案。多数票至少要获得50%以上支持，但不能是全票支持，这样人们就可以勇敢的作出决定，而不是陷入平均化的一致性。领导者绝对不能第一个表态，最多做一个总结发言。他只能补充参与者没有提到，但又是至关重要的方面。我组织过很多次这样的群组活动，很多领导层提出的计划内容都是由员工独立提出并修改完成的，这总能让我感到惊讶。领导层看到员工中蕴藏着这么多创意，他们也觉得非常振奋。

如何确保实施

人们将通过的决定以计划措施的形式加以确定，并在活动结束后逐步实施。如果涉及的问题特别复杂，或者决定需要的当事人没有参加活动，那么应该在活动结束后立即着手继续研究。为了向其他人展示小组研究的成果，人们可以随时对研究成果进行修改补充。可以录制事先和事后的视频，采访员工（和客户），或者将期望标准附在成果后面。人们还可以在内部博客上继续讨论整体的想法，进行补充和丰富。

无论以何种方式继续讨论，你都要在活动过程中做出具体的决定，并且立即实施。首要的就是庆祝成功，这可以使协作精神传播到公司的各个角落。对于参与者来说，没有什么比绞尽脑汁想出的方案无声无息地消失更让人沮丧的了。人们对自己的方案不感兴趣也很让人泄气。我参加过一些讨论会，领导层会保留最后的意见，然后推迟所有的决定，或者强调要遵守正常的流程。最终却没有任何结果！

最终通过的措施并不是要求人们死板地执行的教条。人们应该根据实际情况进行调整，灵活地遵守规定。在必要情况下也要对通过的决定进行调整，但这需要和员工协商。当然不可能将所有问题都放在公司范围内广泛地讨论，人们需要快速地展开行动。还要清楚地解释，什么事情没有商量的余地。公司领导独自决定的事情必须有合适的理由。我们的大脑如果没有接收到解释，就会用想象来填补空白，将事情对号入座。猜想和谣言有时会造成严重的后果。虽然人们总是希望得到最好的结果，但更担心出现最坏的结果，所以人们经常因为担心而什么都不做。

触点群组网络研讨会

身为作家和知名博主的古纳尔·索恩认为：“管理层中的‘领带派’开始在网络研讨会上穿着 Polo 衫和休闲鞋，有意表现自己的休闲风格，但他们还没有开始接触网络 2.0。”他以自己特有的方式说道：“亲爱的经济痛风患者应该尝试一下网络研讨会的组织形式，参与者可以自行决定会议日程。”我已经与一系列企业进行合作组织了这样的研讨会。

> 做贡献者而不是索取者，人们全身心地投入网络研讨会。

这种活动形式有时也被称为非会议，其特点就是畅通的知识交流和自由的形式。人们通过表决确定会议讨论的议题。参与者喜欢被称为贡献者，每一位参与者既是倡议的提出者，也是饶有兴趣的倾听者。投入的价值越高，建设性越强，产出的价值就越大。与会者的积极性高涨，全身心地投入讨论，同时还会产生出色的新想法，更主要的是清除了等级差别和部门局限这两大发展的障碍。对于领导者来说，这首先意味着丧失监管。很多人获得了权力并承担责任，这将使结果产生不确定性。但是总体看来，机遇远大于风险，因为根据我的经验，参与者会非常小心地对待这种信任。

这种活动通常会在上午安排一个动员报告，其中包括一系列互动元素。参与者在下午提出一些自己感兴趣的议题，然后根据议题自行分组。如果人们对某一议题特别感兴趣，也可以就一个题目组成两到三个小组，最后会出现不同的结果。这么做的好处是人们有更大的选择余地。为了获得最大的产出和具有可行性的方案，工作小组应该尽力简化结构：

- 简要介绍实际情况和期望目标
- 制定一份包含时间表、预算和监控手段的计划表
- 通过演示介绍设计的方案
- 确定一位或者几位发言人
- 讨论演示的方式

除固定成员外，某一议题和某一小组还有所谓的“蝴蝶”，他们从一个小组“飞到”另一个小组，从其他小组带来不同的想法、批判性意见和建议。

最终拟出的方案需要以范本形式固定下来，这样就能以视觉化的形式呈现出来，而且不会漏掉任何内容。那些非常有创意，但在这次活动中不能实施的想法也应收集起来。这一阶段结束后可以安排一个较长时间的休息，给那些还在认真讨论的人一个缓冲的时间。小组发言人也可以在这段时间准备接下来要做的演示。

接下来的演示通常以全体大会的形式进行，也可以采取揭幕的方式。这种方式需要设置一些展示板，观众以小组形式参观并听取讲解。最后，工作小组也可以录制一段视频或者排演一段戏剧。戏剧是一种很有趣的形式，例如，人们可以模拟一位第一天上班的新员工，从他的视角感受

他的经历。如果做得好，这会给观众带来很多表演的享受。

如果有可能，参与者可以直接在现场决定是否立刻实施这些方案。在结束仪式上，所有参与者共同确定委托生效。人们可以通过传递接力棒（话筒）的形式听取其他人对这一过程和结果的意见。在企业内部社交网络上继续讨论相关话题，这是很重要的一点。

网络研讨会活动是很多参与者终生难忘的经历，真正的激动人心。这种精神会影响到日常工作，在企业中持续下去。超越常规部门界限的合作会继续发展，并结出丰硕的成果，因为人们随后会看到想法和建议的潜力，而不再是问题。很多“钩子”最终会变为“搭扣”。

三个例子

一家企业的培训生在大型群组活动中重新构建了新员工的入职过程，培训生最适合这样的项目，他们已经或多或少地了解了企业的各个方面，还没有被自己部门的盲目和习以为常绊住手脚。

在此之前，一名新员工通常需要几天时间才能进入工作状态。他们要花很长时间来熟悉环境、领取必要的工作用品并申请权限。第一天报到的时候，甚至没有人知道他们的办公桌到底在哪里。培训生们设计的解决方案可以说是鼠标一点，万事俱备：新员工在入职前几天会收到一份欢迎包裹，里面包括重要的信息、入职计划和一份小礼物。他可以通过电子邮件了解所有负责人和相关人员的照片和体貌特征。上班第一天进入办公楼的时候，他会看到显示屏上写着欢迎自己的字幕。电子邮件账户、用户名和所有重要的 IT 密码等工作必需品都已经准备齐全。公司各部门的简介手册可以帮助新员工顺利开展工作。人们也考虑到了必要的办公设备，例如电脑、电话、移动硬盘、工作证、名片和信箱。人们还设计了一个欢迎小仪式帮助新员工快速融入集体，并且安排了一个指导老师。

人们也为 IT 自由职业者和短期的知识员工设计了类似的活动。此前，他们通常需要半天时间来熟悉公司——他们的工资是每小时 200 欧元。更糟糕的是，他们在没有签署保密协议的情况下进入公司的电子数据处理系统，由此获得了很多重要数据。

这个小组考虑得非常全面，立刻着手处理第三个问题，实现员工离职过程的自动化。离职的员工经常像一个消极的成员一样存在于公司：他们可以进入 IT 系统，调取保密信息。公司还慷慨地为他们支付软件费用。即使实习生调换了岗位，他们还可以保留所有的权限。这对一家企业的安全意味着什么，已无须赘言。

一个工作小组在大型群组活动中设计了"意见树"的方案。创意的背景是这家企业明显的"是的，但是……"状态。根据这一方案，每一个员工都可以将自己的意见像礼物一样挂在休息室的榕树上，必要情况下也可以匿名。每个想法都要按照一定的模式填写（见下表）。人们在周五的会议上"摘果子"，然后进行讨论和表决，并在下一周开始实施。

意见表

问题的现状：

____

____

我的改善建议：

____

____

会给我们带来什么益处：

____

____

优先等级：A B C　　费用：________　　时间表：________

日期：________　　姓名（自愿）：________

传统的企业组织也经常尝试类似网络研讨会的活动形式。奥地利诺伊霍芬储蓄所组织全所 60 名员工参加了大型群组研讨会，议题就是如何让所有员工都参与到争取新储户的活动中。来自财会、人事等后台部门的 8 名女员工设计出以下方案：储蓄所组织与银行主题无关的活动，展示自己，例如健康讲座，非银行客户也可以参加。在活动中，其中的一位女员工（而非客户顾问）负责与这些非客户进行有针对性的交谈。员工可以在电话中向有意者提供补充资料，员工可以将材料送到家里，他们也可以来储蓄所取。人们可以邀请前来取材料的人参观储蓄所。这些女员工在这一过程中表现出自己的热情和专业知识。

第一次尝试就取得了圆满的成功。员工共与 25 名非客户进行交谈，其中 4 人接受了送到家里的材料，7 人参观了储蓄所，最终这种方式赢得了两名新客户。储蓄所所长弗里德里希对这一结果非常满意：“这就是不断改善我们的信念、坚持信念的正确方法。”他对我讲述的时候自豪之情溢于言表。

19

第四步：监管监控

谈到监控，领导者首先想到的就是他们与员工对立的监控身份。但这里说的并不是这种监控，更多的是对领导工作的评估。我愿意称其为监督，因为严格的监控措施毫无用处。与监视、检查和调查相关的一切是质量监控的必要措施，但并不适用于人际领域，因为人不同于机器。监督工作的基本出发点并不是找错误，而是要确定人们工作的成果。管理训练师哈特穆特·劳弗尔写道：“完美终归是一个难以企及的目标，而追求完美就会不断地遭受误解和失误。”这个观点同样适用于领导者。

因此首先应该关注单个的内部触点的工作，然后再探讨未来工作的优化问题。应该提出以下问题：

- 我们希望按照哪些标准衡量经过改善的触点绩效？
- 我们希望确定哪些指标？以什么方式？为什么人？多久进行一次？
- 如何记录并共同讨论获得的知识？
- 哪些监督有意义并且可以简单地使用？

- 由谁进行必要的过程改善？什么时候？以何种方式？

你要寄希望于有说服力的指标数据，而不仅仅是简单地收集数据。

我在开始的时候就已经说过了，我本人对这种大范围的指标收集工作持怀疑态度，但是一些精选的指标还是有意义的。这些关键绩效指标记录了触点管理体系中已经达到的目标，展现出时间顺序，让人们清楚地看到优化的潜力。与宣传册和报告中那些长篇累牍、不知所云的文字相比，这种方式显得更专业。未来如果没有可评估的结果，几乎很难获得预算。人力资源部门的员工也需要更高的审计能力。如果你能向董事会提供触点指标数据，肯定会获得加分。

触点指标

一系列指标数据可以从根本上推导出触点措施的具体效果，以及员工的动机、主动性和忠诚度。这些指标包括：

- 参加研讨会和讨论的主动性
- 参与项目小组和培训
- 希望获得升迁
- 对客户利益的兴趣
- 提出建议和改善意见
- 偶尔加班的意愿
- 由于马虎和心不在焉而导致错误的概率
- 抱怨的频率
- 周一和周五的缺勤（“病假”）

从长远来看，触点措施主要影响以下与员工相关的企业指标：

- 病假天数以及由此产生的成本
- 焦虑的比例以及由此产生的成本
- 员工的生产效率

- 人员流动率以及由此产生的成本
- 平均在职时间
- 忠诚指数
- 推荐意愿
- 推荐在员工招聘中所占的比例

大多数企业已经将病假时间、焦虑比例以及由此造成的成本纳入评估体系。这同样适用于员工带病坚持工作而产生的成本。不同行业有着不同的员工生产效率，因此需要分别进行调查。这里可以进一步解释其余的指标。

人员流动率和流动成本

可以这样计算员工流动率：

公式	举例
$\frac{\text{每年离职的员工人数}\times 100}{\text{平均员工数量}}$	$\frac{50\times 100}{200}=25\%$

平均在职时间的计算方式：

公式	举例
$\frac{\text{流动率}}{100}$	$\frac{25}{100}=4$ 年

例如一家公司每年有 25%的员工离职，也就是说员工的平均在职时间是 4 年，员工每四年就会整体更新一次。这些数据可以根据整个企业的人数计算，也可以按照年龄段、等级、职位、性别、专业领域、分支机构等因素分别计算，然后进行比较。此外，还可以在行业内部进行对比。

计算流动成本时需要注意以下几点：

- 直接和间接离职成本
- 直接和间接选择成本
- 直接和间接入职成本
- 离职人员的绩效下降引起的成本
- 相关团队中摩擦损失引起的成本
- 专业知识流失产生的成本
- 暂时空缺的职位引起的成本
- “新人”在开始阶段生产效率低下引起的成本
- 人员聘用失当可能引起的成本
- 客户订单出问题造成的营业额损失
- 声誉受损的后果引起的成本

根据职位和等级的差别，每种职位的人员流动成本通常相当于 6～24 个月的工资。巩特尔·沃尔夫在《员工情感联系》这本书中进行了以下的计算：以 1 000 名员工的企业为例，如果人员流动率平均降低 3 个百分点，至少可以带来 100 万欧元的利润。他还引用了咨询公司怡安·翰威特（Aon Hewitt）的研究：“员工情感深厚的企业在世界范围的股市盈利，高于平均水平 22 个百分点；而员工情感薄弱的企业则低于平均水平 28 个百分点。”

这几个数字已经清楚地表明员工触点的重要性，因此应该使所有的员工触点都脱离失望区域和满意度的底线，让员工们受到激励。这不仅会提高员工的工作表现，也会提升企业的业绩。现在就要开始理清企业内部联系的细节了，你需要两个指标：忠诚指标和推荐意愿。

忠诚指数和推荐意愿

可以这样确定忠诚指数和推荐意愿：

- 忠诚指数：你在多大程度上还会再次选择我们公司？主要原因是

什么？

● 推荐意愿：你在多大程度上会向一个有意的求职者（私人关系）推荐我们公司？主要原因是什么？

由这些结果得出的指标就是员工领域最重要的业绩指数。对相关问题的回答就是进一步提高的出发点。

我们还可以通过净推荐值（Net Promotor® Score）来衡量员工的推荐意愿。这一指数是忠诚度研究专家弗瑞德·赖克霍德（Fred Reichheld）与贝恩公司合作创立的，其出发点是确定客户的忠诚度。对于员工方面的忠诚度，他建议提出类似的问题："如果推荐其他人应聘这家公司，你认为公司位于从0到10的哪个等级？"然后继续提问："最重要的根据是什么？"问卷调查最好采取匿名方式，根据回答可以将员工分为三类：推荐者、被动者和批评者。推荐意愿得分在9～10分之间的人属于推荐者。推荐者中要扣除批评者（得分在0～6之间）。结果就是员工净推荐值（见图18）。这个指数可能产生积极或者消极的影响。

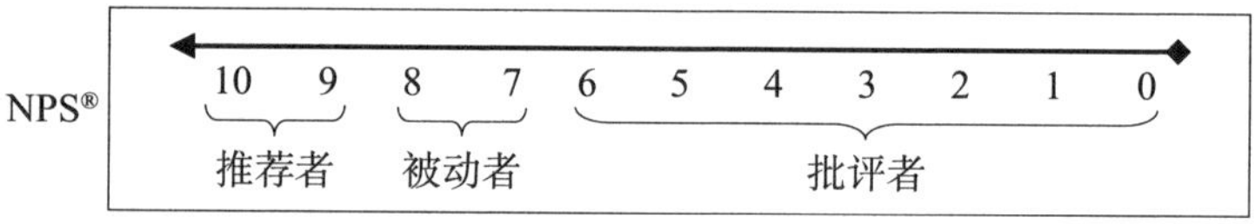

图18 弗瑞德·赖克霍德的净推荐值等级

美国的一些公司已经开始使用员工净推荐值：捷蓝航空公司（JetBlue）非常关注客户的需求，它会在新员工入职90天后进行第一次问卷调查，然后每年的入职纪念日都要填写问卷。入职三个月后进行问卷是明智之举，因为会及时发现试用期的问题和招聘过程中的失误。苹果零售店每四个月进行一次员工净推荐值问卷。每次调查过后，零售店经理都会与员工一起对数据进行评估。员工团队自己寻找解决办法。赖克霍德在《终极问题2.0》（*Die ultimative Frage 2.0*）一书中写道："定期得到最高客户净推荐值的苹果零售店会得到很高的员工净推荐值，而员工主动性很低的分店在客户净推荐值方面也同样很低。”这种说法也佐证了我关于员工忠诚度的看法：如果企业得不到员工的忠诚，就无法在客户中创造忠诚度，二者紧密联系。首要目标是尽可能获得员工推荐者，减少员工批评者。内部触点管理就为此指明了道路。

德国的 Carglass 公司也已经开始利用员工净推荐值指数。如果你也对这一指数感兴趣，那么最后还要给你提一个建议：只有极少数员工能得到最高分值，而且被动者的数量没有任何意义，所以员工净推荐值指数通常会产生消极的影响，会让人们感到沮丧和失望，所有参与者应该有心理准备。以问卷结果作为奖励的基础也是完全错误的做法。

如何确定员工推荐比例

还有一个指数在招聘过程中发挥着重要作用：推荐比例。人们可以由此确定通过推荐来公司应聘的人数。这也是系统的员工推荐管理的出发点。通过三个简单的问题就可以找到答案。只要情况允许，每位应聘者都要回答以下三个问题：

> 你需要确定通过推荐来公司应聘的人数。

- “你最初是如何开始关注我们公司的?”如果是经人推荐，就可以继续下面的提问：
- “我很感兴趣，你从推荐者那里得到了我们公司的哪些信息?”
- 如果你还不知道推荐者的名字：“我现在很好奇谁向你推荐的?”

通过第一个问题我们可以确定经过推荐者介绍前来的应聘者的百分比，即推荐比例。此外，这一问题的其他回答也告诉我们，未来应该在哪些方面加强招聘投入。应聘者通过第二个问题告诉你，公司的吸引力是什么，公司在哪些方面可以继续努力。通过第三个问题可以了解到哪些人是公司的信息员和积极推荐者。

从应聘者的性格特征可以初步推断出他们的兴趣和需求。你还需要了解他们曾经取得过哪些特殊的业绩，他们凭借这些业绩前来应聘，因此抱有很高的期望。他们如果感到失望，不仅会对公司产生消极情绪，还会归咎于推荐者，因此不仅是为了自己的企业，也要为了推荐者，你也不想让应聘者失望。我已经在第二部分详细解释了其他需要确定的相关指数。

优化工具

以下五种方式可以优化单个触点的领导业绩：

- 领导者的自我监控
- 单独指导和/或导师制
- 通过员工进行“监控”
- 同事的指导/同事之间的咨询
- 对离职员工的采访

站在更高立场审视自己的行为

批评性的自我反省是一个优秀领导者最重要的品质。通过自我监控实现监督是最快捷的方法。具体应该怎么做呢？想象自己是一个画家，需要退后几步才能仔细观察一天的成果。然后，你可以给自己提一个问题，例如：“我是否像今天对待员工那样对待我们最好的客户？”或者“我能把今天做的所有事情讲给孩子们吗？”

还有一个技巧就是“三把筛子”的办法，即说话或者做事之前要给自己提出的三个问题，分别是“是真的吗？”“是善意的吗？”“是必要的吗？”

人们有时也将超层面称为山鹰视角，这种视角将发生的事情中的人置于关注中心。由此会产生这样的问题：“因为我对一切都有决定权，所以我的员工才表现得如此需要领导吗？”“因为我没有赞同他们的意见，他们才表现得这么安静吗?”“因为我总是更了解一切，他们才没有意见吗?”人们在具体交流中也能迅速地转换为更高的直升机视角，给自己提出问题：“我现在想说的话会让员工们失望、接受还是受到激励？我怎么说才能让他们更容易接受?”

人们站在更高的立场就会得到一个绝佳的俯视视角。这时人们会脱离自我的视角，扮演一个中立的旁观者的角色。人们可以给自己提出以下问题：

- 我刚刚要说的话或者要做的事情会对他人产生什么影响?
- 他们会怎么理解我要说的话或者要做的事请?
- 他们接下来可能会做什么?
- 这是我所希望的吗?
- 为了实现我的希望，我必须或者应该作何改变?
- 希望他人做到的事情我自己是否做出了表率?
- 我自己在未来可以做出怎样的改善?
- 在我领导下的生活质量意味着什么?

> “我是否告诉员工他应该做什么？还是问过他，他想要用什么方式做什么?”

如果领导者能在日常工作中引入这种超层面的批判性自省，那么就能避免某些交流的灾难。你应该在每次交流之前、之中和之后进行这种自省。最后永远要问自己：“我是否（又一次）告诉员工他应该做什么？还是我多次地问他，他想要用什么方式做什么?”这种做法在威廉·安肯的“别让猴子跳回背上”的概念中经常出现。一个员工带着自己的问题去见老板，老板给他一个解决办法。这只“猴子”愉快地荡起树枝，在老板的背上找到一块舒服的栖息地。这种谈话肯定会让老板疲惫不堪。可以在谈话中进行一个小培训：提一个聪明的问题，让员工自己找到合适的解决办法。

为了提高员工的能力，最终增加他们的工作愿意，还可以分析自己提出反馈意见的行为方式。可以给自己提出以下问题：

● 我给员工的更多的是批评还是认可?

● 说实话，什么事情阻止我给予员工更多的认可?

● 假如建设性的批评意见让我和员工都感到不快，我还愿意说出来吗?

● 实话实说，什么原因促使我提出批评意见? 这种行为有其目的性还是出于“卑劣的”动机?

● 我给出反馈意见的谈话方式能让人接受吗? 哪些方面表现出谈话的尊重和建设性?

● 我能接受批判性反馈意见吗? 听到以后有什么感受? 我会怎么对待这些意见? 心存感激还是带有抵触情绪? 高兴? 受到侮辱? 受到挑衅? 我能承认错误吗? 我怎么说出来?

经过这样的自我分析，你会产生一些变化，出现两种结果：简单地改变，或者向团队解释原因：“过去我一直认为……但我现在觉得，我在这一点上不应该这么做，而是……”如果领导以这种方式表达自己的改革意愿，这也是在告诉自己的员工，他对变化采取开放的态度。

自我形象和他人形象测试

我们在第一部分中已经看到，领导者的自我感受会迅速地发生变化，自我高估会带来很大的风险。为了避免这种情况的发生，我建议你进行自我形象和他人形象测试。你需要设计一些与领导工作的原因相联系的问题，可以按照从 0 到 10 的等级打分。接下来要求员工给出他们的分数，当然不能让他们看到你的回答。是否采取记名的方式取决于公司文化的开放性和答案的真实性，因为障眼法在这里完全没有意义，你就是来学习的。

这里列出一个附带问题的核对清单。你可以根据自己的实际情况进行增减和修改。

核查清单	分数：0～10	
	自我评估	他人评估
1. 我的员工可以轻松自由、毫无顾忌地和我交谈。		
2. 我用员工听得懂的语言清楚、全面地告知他们真实情况。		
3. 员工们可以做他们最擅长的工作。		
4. 员工得到有挑战性的任务，并结合必要的能力和决策自由。		
5. 我知道激励员工的意义。		
6. 如果员工谈到他们的工作，我专心致志地倾听。		
7. 员工了解企业的目标，他也清楚地知道公司对他们的期待。		
8. 我定期通报目标实现的进展情况。		
9. 我寻求员工的建议和帮助。		
10. 我认真对待员工的意见和想法。我也会说出意见并参与讨论。		
11. 我帮助员工找到解决问题的方法。		
12. 我让员工感受到我的信任，相信他们能够完成任务。		
13. 我认为员工的幸福非常重要。我对可能出现的（私人）问题表现出同情。		
14. 我拿出足够的时间和员工交流。		
15. 员工可以犯错误。		
16. 我对他们的工作质量定期给予意见反馈。		
17. 我经常表示感谢。		
18. 我采取请求、建议和邀请的态度，而不是指派。		
19. 我赞美并肯定出色的业绩。		
20. 在必要情况下，我会表示歉意。		
21. 我正确对待出现的矛盾，并顺利地解决问题。		

续前表

核查清单	分数：0～10	
	自我评估	他人评估
22. 我和员工讨论客户的利益以及客户对于公司的意义。		
23. 我为员工做出关注客户利益的榜样。		
24. 我请员工提出如何以客户利益为导向的建议和意见。		
25. 我为员工的职业和个人发展提供支持和帮助。		
26. 我对员工的成绩给予充分的评价，并按照结果进行奖励。		
27. 员工的工作环境还不错。		
总分数		
百分制的分数		
个人评语：		

这就是测试。也可以从事先和事后评估的分析阶段选取适当的问题进行补充。你可以返回第一步。

外部帮助：同事的指导

人们在自我指导中很快会出现自我欺骗，无法看到自己的“盲点”，因此同事的指导在这种情况下非常有帮助。双方可以建立伙伴关系，在内部触点管理中互相监督，然后交换意见。这种方式成功的前提是两个人相互信任，不存在竞争，也不能有等级依赖性，当然还要具备提出并接受建设性反馈意见的能力。

同事咨询的第二种形式就是多名同事之间的指导，也称同事顾问。

人们定期在同一个圈子或者不同的圈子聚会，每个圈子包括五到七名成员，分层次地讨论棘手的管理和领导问题。人们可以在公司内部与其他领导层同事讨论，也可以和其他公司的领导者见面讨论。前提是一样的：不存在竞争关系、没有等级依赖性、信任、自愿、领导能力和适当的“化学反应”。多样化的成员构成也非常重要，参加聚会的成员应该包括不同年龄段、性别和国籍的人。参与者是平等的，而且处于相同的水平。坦率、真诚和绝对的信任是预先设定的游戏规则。如果你计划启动多名同事间的指导方案，那么应该事先对指导方式进行培训。

这个方案中存在三个不同的角色：

- 寻求咨询的人：他是当事人，并且愿意坦诚地谈论自己的想法。他客观地叙述问题，安静地观察同事处理问题。他对同事提出的解决办法不加评论。毫无疑问，他可以从这一状态中获得新的视角，或者认清问题的症结所在。

- 提供咨询的同事：他们真诚面对寻求咨询的人，而且心怀敬意。他们承认寻求咨询的人所描绘的事情是一个问题，巧妙地提出问题，并列出实际状况和相关背景，然后解释问题。他们既不会给出个人的建议，也不会做出轻蔑的或者自以为是的评论，而是在顾问小组内共同寻找可行的解决办法，给人们启发和想法。

- 顾问的顾问：他们并不参与问题的解决过程，而是观察提供咨询的同事的工作过程。只有角色扮演出问题的时候他才会进行干预。咨询结束后，他对所有参与者的行为质量进行评价。他也可以主持活动并控制时间。

同事咨询：一种低成本的员工培训形式。

所有的参与者可以相互学习。他们看待不同行为方式和新措施的视角会更加敏锐。众人的创造性和经验可以丰富领导者的工作，使其更加专业。此外，这种“内部众包”的形式还是一种低成本的员工培训形式。这种方式加入了对具体问题的分析，效果远远超过普通的研讨会和千篇一律的培训等传统学习方式。

下面是这种同事指导方式的流程举例：

5 分钟	寻求咨询的人介绍自己的问题，最好通过讲故事的方式，然后提出自己的中心问题。顾问不要打断他说话。
10 分钟	同事顾问提出客观的理解问题，解释实际情况。但不要提出自己的意见。
10 分钟	第一阶段：通过集体讨论，同事顾问提出可能的解决办法。他们不对具体的情况进行评论，而是简单地列举出这些解决方案。寻求咨询的人安静地倾听，不参加讨论。
5 分钟	寻求咨询者选出自己喜欢的解决办法，但是不要解释理由。顾问不发表意见。
10 分钟	第二阶段：人们根据实际情况继续改进选出的解决方案。寻求咨询的人仔细倾听，不发表意见。
5 分钟	寻求咨询的人说出他认为最重要的环节，以及决定采取哪些步骤。顾问接受这一决定，不进行评论。
10 分钟	顾问的顾问给参与者提出反馈意见。然后共同对这一过程进行反思：我们觉得这一过程怎么样？我们学到了什么？哪些地方需要改进？

寻求咨询者在下一次聚会的时候通报这一方案的进展情况，然后提出新问题进行同事咨询。如果每一次同事咨询只讨论一个问题，那么可以安排一个小时进行充分的讨论。

第三种形式是顾问市场，这种形式至少需要九名员工参与。根据参与者数量的不同，可以安排多个问题进行讨论。也可以让不同的小组讨论相同的问题，然后提出不同的解决方案，寻求咨询者从中选出适合自己的方案，所有的顾问共同对这个方案进行修改。这就意味着在第二阶段中，最初相互竞争的小组需要共同研究此前对方的方案。这种做法迫使人们改变视角，增强自己对其他解决模式的理解力。人们可以顺利地分享集体智慧。在这一过程中，所有人既是顾问，也是学习者。通过这种方式也可以避免上层决策出错。

我认为同事咨询是一种理想方式，可以帮助我们掌握现在和未来严苛的领导任务，并且解决复杂的管理问题，人们可以将其用作经理人培训的一个环节。图 19 概括了以上三种不同的同事咨询方式。

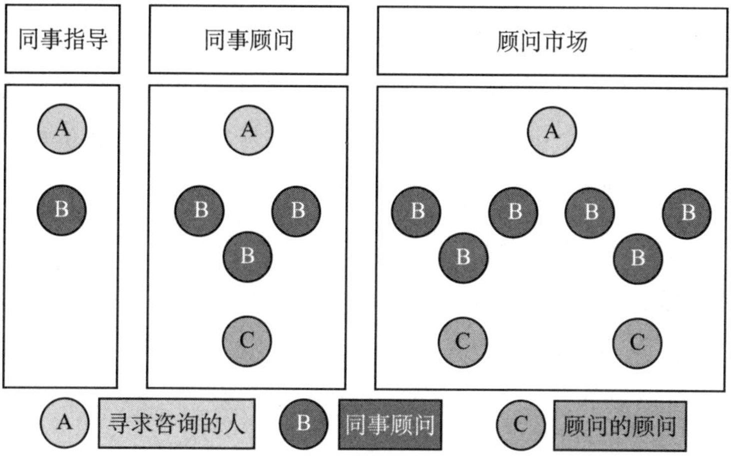

图 19　同事咨询的形式

CEO 培训组织伟事达国际（Vistage International）将同行咨询组织发展成一种商务模式。对于南德五家企业联盟来说，这种外部同行反思是高水平的员工培训方式。博世-西门子家用电器（BSH）的人力资源代表安德莉亚·梅勒也是这一项目的发起人，她说："我们的想法就是利用不同企业在经理人个人发展方面的经验。"顾问史蒂芬·舒勒尔在《经济与培训》（*Wirtschaft + Weiterbildung*）杂志的一篇文章中写道，所有参与者的批判性反思能力都有所提升。

别让离职不欢而散

我们迄今为止讨论的措施不仅是为了使员工取得优异的业绩，也是为了预防我们不愿看到的人员流动。有经验的领导者能感觉到气氛的细微变化，觉察到即将发生的人才外流，这些变化包括：短期的零散休假、粗心大意、心不在焉、不关心公共利益、工作不投入。如果领导者能够正确地解释这些迹象，还有可能及时地维护受到威胁的员工关系。

当你产生怀疑时，当然不能单刀直入地问，而是要小心地试探员工的口风。可以这么问："亲爱的同事，我们有什么紧要的事情要谈吗?"他的回答有意逃避，听起来不那么可信？他的肢体语言说明了一切？那么你就要警觉起来了。如果这个员工与新公司已经签订了协议，那就太晚了。对于员工外流事件的观察应该逐步细化，这样才能找出相应的指标，制定出预测模式，建立预警系统。

每个企业都存在自然的人员流动比率。我们无法留住所有的员工，而且也不愿意让某些员工留下。企业经营状况发生变化可能导致员工流失，或者竞争对手提供了更好的发展空间。网络上日新月异的信息发挥着重要作用。到处都有空缺的岗位，数字化导致人们的社会行为发生了转变，这些也都是事实。

那些听起来冠冕堂皇、有理有据的辞职理由背后隐藏着人际关系层面的问题。

然而，这些都只能部分解释员工流失的现象。上文已经说过，缺乏员工忠诚度，以及随之出现的损失通常都是由自身造成的。那些听起来冠冕堂皇、有理有据的辞职理由背后隐藏着完全不同的真实原因。错误的行为导致很多人辞职，准确地说，是因为：

- 他们在团队中感觉不好；
- 领导方式有些糟糕；
- 他们的努力没有得到赞许；
- 人们不关心他们的进一步发展；
- 没有人认为他们是重要的员工。

只有了解员工真正的辞职原因，才能采取相应措施。这时最好由中立的第三方对离职员工进行谈话，例如内部触点经理人。2012 年 Kienbaum 国际雇主品牌调查结果显示，只有 13%的企业进行了离职员工谈话。

每一个离开的人都会带走一些东西，并且留下一些东西：经历、印象、情感、经验。在一个员工永远离开这家公司之前，他也许希望有人和他聊一聊。有些事情他可能一直想说，但是缺乏勇气，要离开的人更想把话说清楚。除了对员工离职这件事的愤怒，公司也需要有进行谈话的勇气，因为他们可能会谈到让人不愉快的事情。换个角度来看，如果人们提出一些聪明的问题，也可以从中学到很多东西。我认为长篇大论的问卷调查没有任何意义，只会给受访者带来很大负担。

你可以准备一些简短的问题，然后以自由谈话形式进行采访。下面是一些问题的举例：

- 你最初是出于什么原因来到我们公司的？
- 在我们公司工作期间，你对什么感到满意？
- 你会立刻改善哪些问题？
- 你最积极和消极的回忆是什么？
- 换工作会带给你什么好处？
- 怎样做可以让你留下来？
- 你还会回到我们公司工作吗？
- 你有什么话想要留给你的继任者？

企业文化、工作条件和领导行为的弊端虽然无法挽留辞职的员工，但能帮助留下来的员工改善企业环境、阻止人才外流、大幅节约成本。人力资源顾问索菲亚・冯・龙德施泰特认为："人们还可以了解很多保持竞争力的方法。"贸易公司 Lekkerland 的人力资源经理贝恩哈特・宾恩海默在接受《法兰克福汇报》采访时说："最糟糕的情况是一无所获。但是人们总会得到一些东西。"你对这样的谈话表示出兴趣，这至少可以缓解人们的恶意口头宣传和评论网站上的消极评价。离职的员工就是这家企业的信息员。他可能广泛散布不良评价，这会阻止众多人才前来应聘。

你要向离职员工解释，这只是一次离职谈话。如果你能清楚地解释谈话对双方的益处，并表示出你的尊重，那么员工就会接受谈话。你在谈话过程中要保持克制、客观和中立，不要辩解，也不要维护任何人，只需要记录并分析他们的回答。你要用原话复述听到的小故事，因为感情色彩通常会产生巨大的影响。然后，需要做的就是改变！

这里我给你一个小建议：应该在员工完全不用担心消极影响的情况下进行离职谈话，他们在这种情况下才能放心地说出离职的理由。谈话前要办理好所有离职手续，包括工作证明。

> 美丽的离场：你要安排一次让人能够接受的离场方式。

“离职后，我就像一个彻底没用的人。这是一个心灵创伤。我在最初的几个星期就像瘫痪了一样。”一个离职者这样对我说。的确，人们不能用毁灭性的辞退方式来宣布这种让人震惊的消息。为了将恶意诽谤控制在一定范围内，并且不损害在职员工的积极性，人们应认真准备辞退谈话，使之顺利进行，因为这是领导者需要做的最艰难的谈话，对双方都意味着很大的情感压力。

如果是员工自己辞职，公司再也留不住他了，那么就应该尽力使这种状况朝积极方面发展。这将为员工以后可能的复职打下一个良好的基础。因此，你要给他们留下美好的回忆，为离职员工准备一个美好的告别，并保持这种联系！曾经出现过这种情况，本来不打算复职的员工因为离职时的感人的举动重新返回公司上班。

一个老板曾经给我展示了他为一位优秀员工准备的离职礼物：一个包含特殊内容的高档皮质文件夹。附带的一封信这样写道：“亲爱的××女士，我们预祝您在新的工作岗位万事顺利。但是研究显示，四分之一的工作关系会在实习期之后结束，因为双方并不合适。如果您觉得新的岗位不那么适合您，那么请您一定要回来。随信附上已经准备好的工作合同。如果您重新回到公司，我们将不胜欣喜。”

如果员工离职后还能彼此真诚地对视，一起喝一杯，然后聊聊过去的事情，那么这就是一次“美丽的离场”。你要用正派的方式对待离职的员工，即使他们没有这么对待你。绝对不应该做的事情包括：辞职信随处乱放、拒绝出具工作证明，在最后几天的工作中滋扰、谩骂侮辱、恶意诽谤。要真诚地感谢员工过去的工作，并祝愿他未来一切顺利。

然后保持联系，例如，通过工作新闻简报、员工报纸、Xing、校友网络、邀请他们参加专业会议和庆祝活动、沟通关于重大事件和最新情况的信息、一张生日卡。还可以偶尔寄一份小礼物。这是一举两得的办法：

1. 离职员工完全有理由积极地为你宣传。过去的工作关系也许不尽如人意，但是你告别的方式很有风度。

2. 为他们留下美好的回忆，给他们今后可能的回归留有余地。

现在，人们常常需要将在别的公司工作的优秀前任员工重新吸引回来。重新聘请前任员工也可以保护资源，比聘任新人节约将近一半的成本，而且他们在实习期的工作效率比新人高40%左右。

前任员工主要对两个方面感兴趣：在哪个公司值得重新开始？谁愿意回来？然后还需要解释：你想要提供哪些“回归诱饵”？什么时候开始？最后的问题：应该让谁去和前任员工联系？这一切的基础是运转良好的前任数据库，其中包含（离职）员工的详细信息。如果以前的员工真的回来了，他们可以非常顺利地入职。人们几乎不会给人第三次机会，但还是很愿意提供第二次机会的。

20
前景：从金字塔式组织到触点公司

从金字塔式组织变为触点公司，这是现代企业的必经之路（见图20）。人们不能像短期买卖一样关闭企业，彻底整顿，然后再大张旗鼓地重新开张。你不需要这样的企业，而且也不愿意花时间等待。如果你现在不采取行动，后天就会无事可做。那么，就从明天开始吧。行动分为三个层面：

- 组织层面：你需要对企业进行改组，使其以良好的状态迎接商业新世界。改组需要建立在七项外部条件的基础上：整合群体智慧、实行协作结构、削弱对等级制度的感受、减少规矩束缚、削弱孤岛思维、实现数字化转变、加强对客户的关注。
- 领导层面：这里是指协作触点管理过程（CTMP®），根据“失望、可以接受、激励”分析领导者与员工之间的所有触点，然后进行优化。
- 员工层面：这里是指员工在内部（和外部）触点的积极投入，利用群体智慧，并以这种方式快速有效地进行改革。目标是更强的绩效、更好的忠诚度、更积极的推荐。

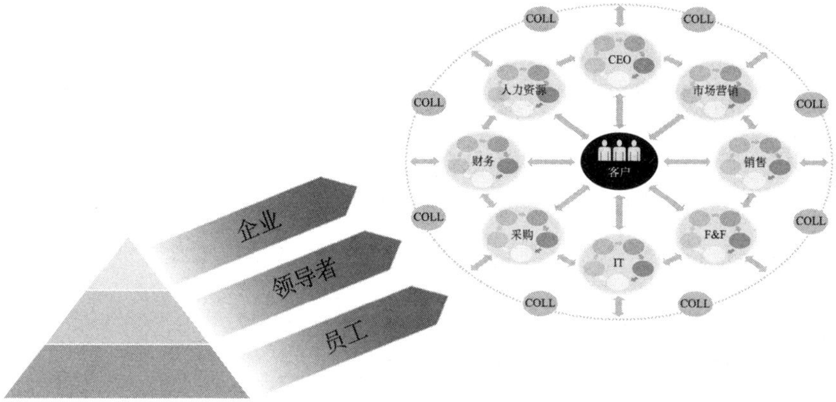

图 20 从金字塔式组织转变为触点公司，这样的公司一切以客户为核心

首先要进行整理，拔掉所有阻碍增长的杂草。但是开始一个新项目时最大的错误就是“打碎旧的领导体系”。我们应该唱着歌，一步一步地前进。触点管理过程提供很多实现目标的方法。

大多数传统改革过程失败的原因在于改革自上而下，领导者将改革措施强加在员工头上。为了避免这种情况的发生，我们现在换一种方式：动员报告会，至少要有 50 名员工参加。动员报告会给员工带来很大启发，员工利用这些灵感设计出改革方案。请相信我，员工早就知道该做什么了，大部分人都在摩拳擦掌，就等着开始的一刻。发令枪一响，人们就会不由自主地向前冲，因为所有人都受到触点管理精神的感染。

如果有人想要深入了解改革过程，我还准备了另外两种研讨会形式：

● “杀死愚蠢的规则”研讨会。这种形式特别适合人数较多的群体，以及跨部门研讨会。目标是以自负责任的方式实现企业内部优化，同时加入以客户为导向的理念。

● “杀死公司”研讨会。这种形式适合领导层。这种方式最初由 Futurethink 咨询公司的 CEO 丽莎·博黛尔提出，以对手的视角探究自己的企业，以便更好地为未来做准备。

除本书内容以外，还有很多精简落后管理结构的手段，可以为商业新世界创造更好的外部条件，并建立适应未来的员工领导体系。

我们可以忽视变化，与之斗争，也可以选择拥抱变化。每一次改变都意味着产生一些新事物，我们无法断定新事物是好是坏，所以这可能给我们带来期待的喜悦，也能引起恐惧。莱因哈特·施普伦格曾经说过，做决定就像跳过怀疑的火墙。第一步总是最艰难的，因为这意味着打破习惯，告别舒适，缅怀失去，勇敢地踏入未知领域。

人们喜欢重复曾经取得过成功的行为，专业人士称之为“自羊群效应”。与“羊群行为”类似，我们是在跟随自己以前的行为。加里·哈默尔用一句发人深省的话描绘这种永恒的过去：“执迷不悟的人很容易变成傻瓜，因为他们始终紧紧抓住陈旧的经验。”

查尔斯·达尔文就曾经说过：“只有傻瓜才不做实验。”那么你就把它当做变革吧，就像狂野青年运动[①]一样：实验！练习！测试！千万不要停下前进的脚步！当然也要把失败考虑在内，不要等待尽善尽美，因为根本就不存在完美。为成果欢呼。无论是在企业内部，还是在市场范围内，每一次改善都是迈向大未来的一块小铺路石。

如果方向正确，就像史蒂夫·乔布斯所说的，你会和员工一道“在宇宙中打下一个烙印”。一家公司还能有什么期望呢？

---

① 20 世纪七八十年代西柏林的艺术运动。

Published in its Original Edition with the title
Das Touchpoint-Unternehmen：Mitarbeiterführung in unserer neuen Businesswelt
Author：Anne M. Schüller
by GABAL Verlag GmbH

图书在版编目（CIP）数据

触点管理：互联网＋时代的德国人才管理模式／许勒尔著；于嵩楠译．—北京：中国人民大学出版社，2015.11
ISBN 978-7-300-21968-4

Ⅰ.①触… Ⅱ.①许…②于… Ⅲ.①企业管理-人才管理-管理模式-研究-德国 Ⅳ.①F279.516.3

中国版本图书馆 CIP 数据核字（2015）第 226627 号

触点管理：互联网＋时代的德国人才管理模式
安妮·M·许勒尔 著
于嵩楠 译
Chudian Guanli

出版发行	中国人民大学出版社		
社　　址	北京中关村大街 31 号	**邮政编码**	100080
电　　话	010－62511242（总编室）		010－62511770（质管部）
	010－82501766（邮购部）		010－62514148（门市部）
	010－62515195（发行公司）		010－62515275（盗版举报）
网　　址	http://www.crup.com.cn		
	http://www.ttrnet.com（人大教研网）		
经　　销	新华书店		
印　　刷	北京联兴盛业印刷股份有限公司		
规　　格	160mm×225mm　16 开本	**版　　次**	2015 年 12 月第 1 版
印　　张	16.5 插页 2	**印　　次**	2019 年 4 月第 4 次印刷
字　　数	203 000	**定　　价**	49.00 元
